四川大学革命英烈丛书
四川省2020—2021年度重点图书出版规划项目

思想拓荒
川大人与马克思主义在西南地区的早期传播

冯 兵 刘宗灵 ◎ 编著

项目策划：王 军 段悟吾 宋彦博
责任编辑：欧风偃
责任校对：荆 菁
封面设计：墨创文化
责任印制：王 炜

图书在版编目（CIP）数据

思想拓荒：川大人与马克思主义在西南地区的早期传播 / 冯兵，刘宗灵编著. — 成都：四川大学出版社，2021.6
（四川大学革命英烈丛书）
ISBN 978-7-5690-4737-0

Ⅰ．①思… Ⅱ．①冯… ②刘… Ⅲ．①革命烈士—生平事迹—中国②四川大学—校友—生平事迹 Ⅳ．①K820.7

中国版本图书馆 CIP 数据核字（2021）第 111593 号

书　名	思想拓荒：川大人与马克思主义在西南地区的早期传播
编　著	冯　兵　刘宗灵
出　版	四川大学出版社
地　址	成都市一环路南一段 24 号（610065）
发　行	四川大学出版社
书　号	ISBN 978-7-5690-4737-0
印前制作	四川胜翔数码印务设计有限公司
印　刷	四川盛图彩色印刷有限公司
成品尺寸	170mm×240mm
印　张	10.25
字　数	170 千字
版　次	2021 年 6 月第 1 版
印　次	2021 年 6 月第 1 次印刷
定　价	42.00 元

◆版权所有 ◆ 侵权必究

◆ 读者邮购本书，请与本社发行科联系。
电话：(028)85408408/(028)85401670/(028)86408023　邮政编码：610065
◆ 本社图书如有印装质量问题，请寄回出版社调换。
◆ 网址：http://press.scu.edu.cn

四川大学出版社
微信公众号

总　序

习近平总书记指出："知史爱党，知史爱国。"为庆祝中国共产党成立100周年，在全党开展党史学习教育和在全社会开展党史、新中国史、改革开放史、社会主义发展史宣传教育之际，四川大学组织编写了"四川大学革命英烈丛书"，并由四川大学出版社正式出版。这是四川大学认真讲好川大故事红色篇章、积极创新红色文化教育载体的重要举措之一，也是四川大学献礼中国共产党成立100周年的重要成果之一。

在中国共产党的领导下，在青春如火的锦江之滨、明远楼前，在风云激荡的望江楼畔、华西坝上，无数四川大学的革命师生坚持"与人民同甘苦，与祖国同命运，与时代同呼吸，与社会同进步"，将永恒的红色基因融入了每一个川大学人的血脉和灵魂之中。其中，"红岩精神"的代表和"中华儿女革命的典型"江竹筠烈士等80多位校友为民族独立、国家解放和人民幸福献出了自己宝贵的生命，他们是四川大学历久弥新的川大精神的力行者和见证者，是四川大学生生不息的红色基因的创造者和传播者。

四川大学是四川保路运动和辛亥革命在四川的重要发生地，是新文化运动和五四运动在四川的主要策源地，是四川乃至全国马克思主义早期传播的重要发源地，是抗日救亡和爱国民主运动在四川的坚强根据地。1920年冬，学校师生成立了四川最早以研究和宣传马克思主义为主要任务的革命群众组织——马克思读书会。1922年2月，学校师生主编的《人声》报是四川第一份公开宣传马克思主义的报纸。1922年春和1923年夏，学校师生组织成立的四川社会主义青年团和中国共产党成都独立小组是四川最早的共产主义党团组织。以学校师生为骨干的中华民族解放先锋队成都队和"成都民主青年协会"等是在中国共产党领导下四川抗日救亡和爱国民主运动的中坚力量。中共四川大学党总支是国民党统治区最大的基层党组织之一,经常活动的共产党员有120余名。在开国大典上,与毛泽东主席一起登上天安门城楼的有朱德、吴玉章、张澜和郭沫若等四位四川大学校友。

长期以来,四川大学坚持立德树人根本任务,服务人才培养首要任务,充分发挥学校特色优势,深入挖掘校园红色资源,大力弘扬以江姐精神为代表的革命先烈精神,用生动鲜活的红色文化滋养着一代又一代川大学子。近年来,特别是党的十八大以来,四川大学党委高度重视红色文化教育,将红色文化教育贯穿于学校发展各方面和人才培养全过程,重点建设了"江姐纪念馆暨四川大学革命英烈事迹陈列馆""学习书屋""江姐精神专题数据库"等一批红色文化宣传展示平台,率先推出了话剧《待放》、舞台剧《江姐在川大》、主题文艺晚会《江姐颂》等一批红色文化教育艺术作品,积极打造了"江姐班""竹筠论坛""川大英烈一堂课""青年红色筑梦之旅"等一批红色文化教育新品牌,产生了良好的教育成果、育人效果和社会效益。

习近平总书记指出,"中国革命历史是最好的营养剂"。站在历史的交汇点上,站在发展的交接点上,站在新时代的新起点上,在"四川大学革命英烈丛书"正式出版之际,全校师生员工要进一步厚植中华优秀传统文化,弘扬革命文化,发展社会主义先进文化,凸显四川大学人文社会科学的学科优势,积极打造"中国共产党在四川大学"等红色教育品牌,进一步深化红色文化教育的内涵,丰富红色文化教育的形式,增强红色文化教育的实效。

"四川大学革命英烈丛书"编写组
2021 年 6 月

前　言

　　20世纪20年代，经过五四运动的洗礼，四川大学前身之一的国立成都高等师范学校（以下简称"成都高师"）成为当时全国六大学区最高学府之一，也成为四川地区宣传马列主义的重要基地和培育革命英才的摇篮。1920年秋，由教师王右木组织，成都高师学生童庸生具体负责，在成都高师明远楼成立了马克思读书会。这是四川地区最早建立的以研究和宣传马克思主义为主要任务的革命群众组织。1922年4月，马克思读书会的骨干成员童庸生、钟善辅等人，自发组织了四川社会主义青年团；同年10月，他们在此基础上正式成立了中国社会主义青年团成都地方执行委员会。1923年夏天，其成员秘密转为中共党员，经中央批准成立了中国共产党成都独立小组，由王右木担任书记。这是四川大学最早成立的共产党组织，也是四川地区最早的共产党组织。

　　王右木（1887—1924），1907年至1909年在四川通省师范学堂优级师范科学习；1910年至1913年在成都高师数理科学习；1919年起在成都高师任教。他是四川地区最早的马克思主义传播者，是四川共产主义党团组织的创建人和最早的领导人之一。1907年，他考入四川通省师范学堂优级师范科；1914年留学日本，参加中国留日学生反对"二十一条"的爱国运动，结识李大钊，初步接触马克思主义理论。1919年，他应聘回成都高师任学监，并投身于五四运动，组织马克思读书会。

1922年10月，在马克思读书会的基础上，成立了四川社会主义青年团，后在此基础上成立了中国社会主义青年团成都地方执行委员会（童庸生为书记，王右木因年龄较大，以特殊身份指导团的工作）。1923年，其成员秘密转党，成立了中国共产党成都独立小组，由王右木担任书记。这是四川大学最早成立的共产党组织，也是四川地区最早的共产党组织。遗憾的是，1924年，王右木赴广州参加会议后返川，途经贵州土城时失踪了，据传是杨森收买、利用王右木不成后，买通贵州军阀把王右木杀害了。

杨闇公（1898—1927），20世纪20年代在四川公立外国语专门学校任教。杨闇公是中国共产主义运动先驱者、四川党团组织的主要创建人和大革命运动的主要领导人。他曾与吴玉章、王右木一起，以成都高师等学校为基地，开展了大量活动，使成都高师成为名副其实的"革命的摇篮"。

1926年2月，经中共中央批准，杨闇公任中共重庆地方执行委员会首任书记，与朱德、刘伯承、陈毅等共同发动和领导了顺泸起义，这是南昌起义的前奏。1927年，他在重庆组织了反帝爱国的"三·三一"群众大会，不幸被捕而壮烈牺牲。他在校期间曾经介绍他的弟弟、后来担任国家主席的杨尚昆到成都高师附中学习，并参加学校的马克思读书会和社会主义研究会的活动。

童庸生（1899—1932），1918年至1923年在成都高师国文部就读，与王右木一道筹组中国社会主义青年团成都地方执行委员会，并担任书记。从成都高师毕业后，他回到重庆，介绍了杨闇公等同志加入社会主义青年团。他与杨闇公、罗世文及团中央特派员等人一道，领导了大革命前期重庆地区的历次群众运动。

1925年，童庸生介绍吴玉章加入中国共产党，其时，由学生介绍校长入党，也成为四川大学20世纪20年代的一段佳话。他与杨闇公等筹组中共重庆地方党组织，并当选为中共重庆地委执行委员。1932年，他在从上海乘船返川途中神秘失踪。

恽代英（1895—1931），1923年3月至1923年8月在成都高师任教。他是中国无产阶级革命家，中国共产党早期青年运动领导人之一，黄埔军校第四期政治教官。1915年，他进入武昌中华大学文科攻读中国哲学。在学生时代，他积极参加革命活动，创办进步社团，传播新思想、新文化和马克思主义，是五四运动武汉地区的主要领导人之一。

1923年3月至1923年8月，恽代英应吴玉章校长之邀，在成都高师任教，出任"教育学"讲席。在校期间，除了以马克思主义观点诠释教育学课程之外，他还利用业余时间向学生宣传马克思主义和阶级斗争学说，是最受学生欢迎的教师。同时，他还协助王右木开展马克思主义党团组织工作。1923年，他离开成都高师后，担任社会主义青年团中央宣传部部长，创办主编《中国青年》，培养和影响了整整一代青年。1931年，他被国民党杀害于南京，时年36岁。

目 录

马克思主义在西南地区传播的学术史 — 001
    中国共产党成立前马克思主义在西南地区的传播 — 004
    中国共产党成立至长征时期马克思主义在西南地区的传播 — 008
    长征时期马克思主义在西南地区的传播 — 011

王右木传播马克思主义的历程与实践 — 019
    五四运动前后马克思主义在成都高师等学校的引介 — 023
    王右木任职成都高师后的思想转变与《人声》报的创办 — 029
    从"社会主义读书会"到"马克思读书会"的转型 — 034
    王右木小传 — 041

杨闇公对马克思主义在西南地区早期传播的探索与贡献 — 053
    杨闇公传播马克思主义的条件 — 056
    杨闇公传播马克思主义的依托媒介 — 059
    杨闇公传播马克思主义的主要内容 — 062
    杨闇公传播马克思主义的历史价值 — 067
    杨闇公小传 — 073

童庸生与西南地区马克思主义的传播　083

　　接触马克思主义，坚定革命信念　　085
　　组织革命活动，宣传马克思主义　　087
　　斡旋、推动马克思主义力量的统一　　091
　　壮大后备力量，扩大马克思主义影响　　094
　　童庸生小传　　099

恽代英与马克思主义在西南地区的早期传播　107

　　恽代英旅川期间的经历　　110
　　恽代英对马克思主义的吸收　　113
　　恽代英旅川期间对马克思主义的传播　　117
　　恽代英在西南地区传播马克思主义的实效　　121
　　恽代英小传　　125

川大人与四川地区早期马克思主义者的聚合　133

　　网格状发展：四川地区早期马克思主义者的聚合之路　　136
　　四川地区早期马克思主义者群体的共同特征　　149

马克思主义
在西南地区传播的学术史

推进马克思主义中国化、时代化、大众化，发展当代中国马克思主义是巩固马克思主义指导地位的必由之路。马克思主义在西南地区的早期传播作为西南地区实现社会主义建设的逻辑前提，值得学界予以高度关注。现有成果研究框架初步建构，研究方法有所突破，研究视角日趋多样，但也存在研究选题过于集中、史料运用仍需丰富、交叉学科方法亟待提升的缺憾。深入探究马克思主义在西南地区被接受和发展的过程，无疑对新时期开辟马克思主义发展新境界具有重要意义。

在庆祝改革开放40周年大会上，习近平总书记曾强调："必须坚持马克思主义指导地位，不断推进实践基础上的理论创新……及时回答时代之问、人民之问……不断开辟马克思主义发展新境界。"① 马克思主义早期传播作为马克思主义中国化、时代化、大众化的基石，一直以来都是学界关注的重点。19世纪末、20世纪初，马克思主义的星火已在中华大地出现，1899年的《万国公报》中刊载："今世之争，恐将有更甚于古者，此非凭空揣测之词也。试稽近世学派，有讲求安民新学之一家，如德国之马克思，主于资本者也。"虽然马克思主义凭借李大钊、陈独秀等人的研究与宣传在中国很快焕发生机，但其早期传播呈现出明显的地域性差异。四川、西藏、贵州以及包括云南在内的西南地区深处内陆，马克思主义在其中的传播，无论是时间的先后还是传播的广度，均远不如北京、武汉、上

---

① 《庆祝改革开放40周年大会在京隆重举行 习近平发表重要讲话》，《人民日报》，2018年12月19日，第1版。

海、广州等区域性政治文化中心城市。学界对于马克思主义在西南地区早期传播的研究,从历史阶段上大致可以分为三个部分,即中国共产党成立前、中国共产党成立初期以及长征时期。梳理归纳学界对于西南地区马克思主义早期传播的研究,对进一步推进马克思主义中国化、时代化、大众化颇具意义。

中国共产党成立前马克思主义在西南地区的传播

随着十月革命在俄国取得胜利,马克思主义使中国的进步知识分子看到了救亡图存的新希望,同时也逐渐成为新文化运动所关注的主要对象。学界普遍认为,得益于近代以来民主革命运动和民主思想的奠基,五四运动前后是马克思主义在西南地区传播的起始阶段。西南地区地处偏隅,这一时期普遍未对马克思主义有全面且深入的了解,遑论传播,只停留在一些早期马克思主义者的初步介绍和进步报刊的宣传等浅显的层面。但这些介绍和宣传无疑为后来马克思主义的广泛、系统传播埋下了种子,更对西南地区建党具有奠基性意义。对这一阶段的研究,成果总体较为零散,主要关注点集中于对马克思主义在西南地区传播概况的历史梳理、传播的媒介及途径等问题。

近代以来,如火如荼的民主革命运动促进了民主思想在中国的传播,随着各种非马克思主义道路尝试的失败,西南地区的进步知识分子开始突破地理上的局限,引进并宣传马克思主义。徐杨认为,马克思主义在西南地区的早期传播,以一批外出求学、思想激进的进步知识分子为最早的传播主体;以学校、学会、进步报刊和各类团体组织为主要传播渠道。由于中国社会矛盾尖锐且马克思主义传入的时间有限,此时马克思主义的传播内容也明显存在格外关注十月革命和欧美工人运动状况、对马克思主义的介绍缺乏与中国实际相结合的理性认知的倾向性。徐杨对马克思主义在西南地区早期传播的影响做出总结，主要包含推动西南地区党团组织的建立，促进西南地区群众运动的高涨，为西南地区培养了一批坚定的马克思主义者，传播的区域主要集中于经济文化较为发达的大中城市四个方面。① 匡珊吉认为马克思主义在中国早期传播受限的原因为国内资本主义和无产阶级的力量幼弱，缺乏接受科学社会主义的条件和思想准备，没有在马克思主义理论指导下革命成功的先例等。其认为四川早期对马克思的科学社会主义的传播局限于简单介绍，甚至存在曲解和误解马克思主义的现象。②

五四运动后，四川省内《新青年》《星期评论》等刊物、《共产党宣言》等著述的中文译本迅速传播；研究俄国革命、介绍马克思主义、介绍俄国布尔什维克党的文章开始出现。马克思主义的传播推动了革命知识分子的成长、工人运动的蓬勃，为四川建立党组织打下思想及社会基础。③有学者关注了马克思主义在西南地区早期传播的分期问题。荆德新认为，马克思主义在云南的早期传播至迟不晚于1919年，以中国共产党成立为界限划分为两个阶段，第一阶段的主要传播方式是《尚志》《滇声》《义声报》等报刊转载马克思主义理论以及报道社会主义工人运动等相关文章；第二阶段的传播方式则主要是翻译出版马克思和恩格斯的著作、进步知识分子组织出版进步性和革命性的刊物。从传播效果上看，后一阶段所起的作用更为明显。这些报刊本质上是地方性革命群众组织自办的刊物，尽管编者的理论修养不够完备、所编写的内容存在误差，但不可否认的是，这些刊物以及创办这些刊物的群众组织对马克思列宁主义的传播作用明显，对共产党主张的宣传、对群众的教育和组织方面所产生的效用应给予重视

---

① 徐杨：《试论马克思主义在西南的早期传播》，《中共福建省委党校学报》，2013年第8期，第50页。
② 匡珊吉：《马克思主义的传播与四川建党》，《社会科学研究》，1981年第6期，第28页。
③ 匡珊吉：《马克思主义的传播与四川建党》，《社会科学研究》，1981年第6期，第30页。

和肯定。① 崔发展等考察了辛亥革命、十月革命和五四运动时期四川地区马克思主义的传播情况，认为马克思主义在四川最初的传播具备了以下条件：旧民主主义革命道路的相继失败迫使四川先进人士寻求新出路的社会基础、近代以来四川爱国民主革命运动的洗礼和民主思想传播的思想基础、新式教育发展和四川留法勤工俭学运动兴起后形成的人才储备。这一时期，马克思主义的传播范围是以成都为中心向四周辐射，党组织建立在团组织基础之上，传播内容从盲目逐渐到科学，早期传播从简单介绍到全面发展，培养了一批信仰坚定的马克思主义骨干群体，促进了四川群众运动的高涨，马克思主义在川内的大众化进程得到有效推进。②

这一时期，马克思主义在西南地区传播的途径及媒介的研究，学者们多以报纸、书刊作为考察对象。徐源松的《马克思主义在成都的早期传播》对成都的书刊销售处进行了考察。华阳书报流通处引进了大量的马克思主义报刊书籍，《新青年》《晨报副刊》《国民公报》《半月》等刊物通过这一渠道发行量提升、影响力扩大。五四运动后，多个新的书刊销售处以学校为依托，促进了马克思主义在成都乃至四川的传播。《共产党宣言》《社会主义从空想到科学的发展》《阶级斗争》等书籍亦陆续传到成都。另外，《川报》《四川学生潮》《新空气》《戊午周报》等刊物，也刊登了不少介绍马克思主义的文章。③ 随着新文化运动的发展，《新青年》《星期评论》等马克思主义进步报刊在云南得到初步传播。为效仿《新青年》，传播新思想，龚自知等人于1917年在昆明创办了《尚志》杂志，宣传民主与科学。五四运动直接激发了云南进步知识分子对马克思主义的追求和学习，掀起马克思主义在云南传播的热潮。对此，余红的《马克思主义在云南的传播》指出，《滇潮》和《曙滇》的创刊是云南新文化运动发展和深入的

---

① 荆德新：《马克思列宁主义在云南的早期传播》，《思想战线》，1986年第3期，第58页。
② 崔发展，刘鑫：《马克思主义在四川的早期传播论析》，《惠州学院学报》，2019年第4期，第39页。
③ 徐源松：《马克思主义在成都的早期传播》，《先锋》，2015年第6期，第58页。

标志，云南青年努力会和云南革新社成为传播马克思主义的主要阵地。青年努力会会员还利用假期返乡的机会，到全省各地出售进步书刊、宣传革命思想并动员云南各界群众行动起来，投身国民革命。①

对于任何一种思想理论的传播过程来说，传播主体都是重要一环。研究者对西南地区早期的马克思主义者多有关注。《贵州青年运动史（1919—1998）》对早期在贵州传播马克思主义的先驱进行了梳理，强调了不同程度上对贵州青年乃至全国青年产生过重大影响的贵州老一辈无产阶级革命家，如邓恩铭、周逸群、周达文、王若飞等，他们都是在五四运动前后开始接受马克思主义并走上革命道路的。论及最早在贵州传播马克思主义的青年知识分子时，其提到了著名教育家黄齐生、刘方岳、刘松生、严溥泉等留学归来的马克思主义者，他们带来的不仅是新的科学知识，还带来了马克思主义，是贵州青年运动的思想启蒙者。②陈林在对田君亮的革命活动进行梳理考察后指出，田君亮在大革命失败后回到贵阳，以学校为阵地批判资产阶级的政治制度，以马克思主义政治经济学为主要传播内容，有力推动了马克思主义在贵阳的传播。"九一八"事变后，田君亮在贵阳组织中苏文化协会贵州分会以及贵阳战时社会科学座谈会，指导学生阅读马克思主义著作，继续传播马克思主义。③

---

① 余红：《马克思主义在云南的传播》，《云南日报》，2016年7月3日，第6版。
② 中国共产主义青年团贵州省委员会组：《贵州青年运动史（1919—1998）》，贵州人民出版社，1999年，第34页。
③ 陈林：《田君亮：马克思主义政治经济学在贵阳的宣传者》，《贵阳文史》，2011年第4期，第12页。

中国共产党成立至长征时期马克思主义在西南地区的传播

1921年，中国共产党成立，马克思主义的星火渐成燎原之势。这一时期，马克思主义在西南地区的传播经历了对马克思和恩格斯的生平、原著经典的简单提及，甚至将其与无政府主义等思想流派混为一谈，逐步发展为系统、科学的传播，与中国实际相结合、与组织建设相结合并指导革命实践等阶段。对于中国共产党建党初期马克思主义在西南地区的传播，学界的视野依旧主要集中于对传播途径和媒介、历史人物活动轨迹等问题的研究。其成果总量较上一阶段丰富，但研究视角仍相对固化、单一。

关于这一时期马克思主义在西南地区传播的媒介，多数学者关注了报刊书籍这一重要的宣传阵地。《广益丛报》《新蜀报》《人声》等均是四川传播马克思主义的思想阵地。通过转载或译介马克思主义的相关文章，或直接以宣传马克思主义为创刊目的，均局部或全面、间接或直接地解释和传播了科学社会主义思想，理论与现实的互联使读者对马克思主义有了更直观的认识。赵乐在《马克思主义在四川的早期传播》中认为，马克思主义在四川的早期传播以满足人民群众对理论思想和时弊评论的需要为切入点和推动力，注重在进步学生和青年、工人群众中传播马克思主义，但也存在部分传播者对马克思主义认识不清、宣传和阐释过于主观、传播缺乏强有力的组织和领导等不足。① 李华飞以《新蜀报》为考察对象，认为《新蜀报》创刊之始就积极投入四川反帝反封建的群众运动，符合其公开宣布的"输入新文化，交流新知识"的办报宗旨。中国共产党成立前后和

---

① 赵乐：《马克思主义在四川的早期传播》，《邓小平研究》，2019年第3期，第109页。

大革命时期其成为四川新文化运动和马克思主义传播的一面旗帜。① 苗兴成认为，作为云南少数民族地区最早的革命宣传资料之一的《夷经》，利用其通俗易懂、便于记忆的特点，用群众习惯的言语形象生动地传播了马克思主义和党的革命主张，不仅启发了云南少数民族群众的政治觉悟，还对云南少数民族地区的苗族、壮族、彝族和哈尼族等少数民族群众起到良好的团结作用。《夷经》做到了以通俗易懂的语言唤醒群众、以生动鲜活的史实打动群众，以血脉为系感知群众，切实推动了云南民族地区革命的成功，是中国共产党早期"在边疆民族地区创造性地贯彻中央政策并用于指导在云南的革命实践的一篇独具地方特色的经典革命文献"。②

一些学者从中共党组织建立的角度探讨马克思主义在西南地区的早期传播。匡珊吉的《马克思主义的传播与四川人民的觉醒》列举了中国共产党和中国社会主义青年团成立时期四川地区一系列专门从事马克思列宁主义宣传的革命刊物，认为这些刊物把马克思列宁主义的宣传推向了高潮。马克思主义的传播使四川的先进分子认识到马克思列宁主义是唯一正确的指导思想，社会主义道路是唯一正确的道路，同时必须在马克思列宁主义的指导下建立一个革命党，因此他们在四川积极建立了中共基层组织。③刘声洪将马克思主义在宜宾的传播同宜宾地方党组织的建立进行关联性考察，认为马克思主义在宜宾广泛深入传播的主要表现为创办宜宾青年读书会、《平民周刊》，学习马克思主义，使传播马克思主义的阵地得到扩大；特别重视传播科学社会主义、无产阶级专政和阶级斗争学说；注意防止无

---

① 李华飞：《传播马克思主义的一面旗帜——〈新蜀报〉》，《文史杂志》，1991年第3期，第7页。
② 苗兴成：《基于〈夷经〉的视角看王德三对云南少数民族地区马克思主义大众化的历史贡献》，《滇西科技师范学院学报》，2016年第25卷第3期，第65页。
③ 匡珊吉：《马克思主义的传播与四川人民的觉醒》，《四川大学学报（哲学社会科学版）》，1983年第2期，第3页。

政府主义的影响；先进分子开始在工农群众中传播马克思主义。①

革命先驱对马克思主义在西南地区的早期传播无疑具有不可或缺的作用。周祎考察早期马克思主义者对贵州革命的贡献时认为，不仅邓恩铭、王若飞、周逸群等革命先驱宣传推动了马克思主义在贵州的早期传播和大众化，邱醒群等一批进步知识分子通过课堂宣讲等方式也起到了重要作用。一些黔籍共产党人在建党后返回贵州开展革命活动，使马克思主义的影响更为广泛。②王右木是近些年受到学者关注的早期共产主义者，他主要传播的内容是马克思主义的经济学理论，他认为"只有马克思主义的经济学说才是使人类走上自由幸福理想社会的科学主张"。③邓寿明认为王右木在传播马克思主义方面有四点贡献：利用课堂和成都高等师范学堂作为宣传马克思主义原理的阵地，讲解马克思主义经济学观点并推动其与学生运动相结合；建立马克思读书会，讲习马列经典著作，组织成立中国社会主义青年团四川团组织；创办《人声》报以及马克思读书会，扩大宣传马克思主义；建立工人的革命组织。④付春梳理了王右木创立团组织和党组织的工作：创建团组织，推动四川教育经费独立运动，促使社会主义青年团第一次在四川公开登上政治舞台；在工人运动中建立党的组织，推动成都劳工联合会的成立。1923年10月，由王右木担任书记的四川第一个党组织——中共成都独立小组成立，四川人民的革命斗争面貌为之焕然一新。⑤

---

① 刘声洪：《马克思主义在宜宾传播与中共宜宾地方组织的建立》，《四川党史》，2001年第5期，第5页。
② 周祎：《论马克思主义在贵州的早期传播及初步大众化》，《法制博览》，2015年第33期，第273页。
③ 四川大学校史编写组：《四川大学史稿》，四川大学出版社，1985年，第76页。
④ 邓寿明：《马克思主义在四川传播的第一人——王右木》，《四川党史》，2001年第3期，第32页。
⑤ 付春：《王右木：四川早期马克思主义传播和研究的先驱者》，《毛泽东思想研究》，2011年第6期，第137页。

长征时期马克思主义
在西南地区的传播

红军长征经过了贵州、四川、云南以及西康等地区,以其受众面积广、影响程度深等特点,成为马克思主义在西南地区传播的关键阶段。学界对于长征时期马克思主义传播的关注由来已久,成果较为丰硕,主要集中于对传播内容、传播媒介、传播成效的研究。

习近平《在纪念红军长征胜利80周年大会上的讲话》指出:"长征的胜利,使我们党进一步认识到,只有把马克思列宁主义基本原理同中国革命具体实际结合起来,独立自主解决中国革命的重大问题,才能把革命事业引向胜利。"① 长征时期,中国共产党采取了形式多样、内容丰富的宣传教育手段,致力于马克思主义的传播以及中国化、大众化的实践。这一过程不仅激励了红军将士,同时向长征沿途地区传播了马克思主义基本观点及中国共产党的政策主张。传播过程呈现出传播方式多样化、艺术性与通俗性的结合等特征。② 由于西南地区少数民族众多,一开始对中国共产党持敌对态度的群众不占少数,为赢得少数民族群众的支持,中国共产党特别注重对马克思主义民族理论的介绍。毛英、李仁君认为,中国共产党对马克思主义的传播主要包括:以团结平等为核心的马克思主义民族观,以中华民族认同为最高形式的民族认同观、民族区域自治的初步实践,马克

---

① 习近平:《在纪念红军长征胜利80周年大会上的讲话》,《人民日报》,2016年10月22日,第2版。
② 武月琴,郭国祥:《长征时期中国共产党推进马克思主义大众化的实践及其当下价值》,《学校党建与思想教育》,2019年第6期,第20页。

思主义宗教政策理论、人民民主理论、现代科学思维和科学精神。① 毛泽东指出："政策是革命政党一切实际行动的出发点，并且表现于行动的过程和归宿。"② 长征的胜利离不开正确的民族政策。周竞红指出，马克思主义民族理论在民族地区大范围实践，是在红军进入少数民族人口分布区，中央机关在直面少数民族社会、处理红军与各民族社会关系和动员各民族群众支援红军的具体问题时实现的，是开启中共中央推动马克思主义民族理论中国化的早期实践过程。③

对马克思主义传播内容的研究往往与其传播方式相联系。代维指出，红军进入甘孜后传播马克思主义的内容包括：以各民族一律平等为核心的马克思主义民族政策、强调尊重少数民族的传统风俗和宗教信仰自由以及土地革命宣传。以文字、艺术为表现形式，培养少数民族干部为传播载体和途径，不仅丰富了马克思主义民族理论的内涵和实践基础，同时推进了马克思主义中国化的新境界。④ 王迁、王让新认为，红军在长征中一方面通过召开各种会议、张贴标语、制定口号、创作文艺作品宣传马克思主义；另一方面为延续革命影响，中国共产党又建立了由当地先进分子及革命群众组建的革命政权和党的组织、实行土地改革、没收恶霸地主财物分给农民。这些做法切实扩大了马克思主义和党的路线方针政策在人民群众中的宣传和影响。⑤ 周前程指出，长征途中，毛泽东始终注意对红军尤其是党员干部的思想政治教育，注重对群众的马克思主义宣传，注重在敌对

---

① 毛英、李仁君：《长征时期阿坝藏区马克思主义传播及其现实意义》，《四川文理学院学报》，2016年第6期，第12页。
② 中共中央文献研究室：《毛泽东著作专题摘编》，中央文献出版社，2003年，第1703页。
③ 周竞红：《红军长征时期中共中央马克思主义民族理论的实践》，《中南民族大学学报（人文社会科学版）》，2016年第6期，第13页。
④ 代维：《试论长征时期马克思主义在甘孜藏区的传播》，《西藏研究》，2018年第2期，第8页。
⑤ 王迁，王让新：《论长征对促进马克思主义中国化的重要贡献与基本启示》，《毛泽东思想研究》，2016年第5期，第105页。

营垒中宣传党的路线方针政策。①聂文晶强调,口头宣传、标语宣传、文艺宣传是红军采取的传播马克思主义的主要方式,而结合实际行动宣传马克思主义也是传播中的关键一环。中国共产党通过认真执行民族政策,减轻了马克思主义在四川民族地区传播的民族隔阂。通过维护各族群众的切身利益,使马克思主义从抽象的理论变成了物质的力量。发动各族群众包括部分少数民族上层人士参与四川民族地区建立的各级革命政权、地方武装及群众组织,使人们接受了马克思主义的教育与锻炼。②王雪燕等总结了党和红军传播马克思主义的路径,认为思想觉悟较高、革命信念坚定的党员干部是马克思主义大众化传播的有效载体,他们以实际行动支持革命事业,使党的方针政策"化"到沿途群众中来。另外,理论政策能够真正解决群众的实际需要才是强化马克思主义的大众认同,推动马克思主义的大众传播,进而增强马克思主义大众化的内生动力。③长征途中党始终强调对马克思主义理论的学习,通过谈心、宣传、教育、全面感染等方式,保证了长征中红军官兵思想上的统一性和行动上的一致性。各级军官和指战员、普通士兵、沿线群众认识到中国共产党救国救民的决心和为人民服务的宗旨,高度认同其主张,坚决拥护其领导。④

关于长征时期马克思主义在西南地区传播的媒介,学者们给予了广泛关注,认为最主要的媒介形式为新闻宣传、歌曲传唱、红色标语等。韩洪泉从群众路线的视角透视长征时期的马克思主义中国化,认为群众性是这一时期马克思主义传播的典型特征。切实的"身教"之外,还有生动的

---

① 周前程:《长征时期毛泽东对马克思主义中国化的探索》,《理论研究》,2017年第1期,第23页。
② 聂文晶:《红军长征与马克思主义在四川民族地区的传播》,《中国民族报》,2019年2月1日,第8版。
③ 王雪燕,郝建华,张强:《长征途中马克思主义大众化的传播路径及当代启示》,《毛泽东思想研究》,2016年第3期,第100页。
④ 张小秋:《红军长征中党的马克思主义理论教育》,《马克思主义理论学科研究》,2017年第5期,第112页。

"言传"，即以灵活多样、喜闻乐见的形式对群众进行教育，同时印刷了《红星报》《红炉》《红色战场》《战士报》等书刊报纸，传播革命理论，鼓舞军心士气；还积极组织文艺宣传队，通过戏剧、歌舞、快板、诗歌等形式开展马克思主义宣传。"针对沿途群众文化水平普遍较低的情况，对群众的宣传主要采取标语、石刻、群众大会等形式。"① 石刻标语是长征时期马克思主义传播的新媒介。张品良将石刻木刻媒介传播归类为"时间偏向"的媒介类型，侧重于增强传播的影响力与长久性；书刊报纸则是"空间偏向"类型的传播媒介，侧重于适应战争的游动性与传播的广泛性；红军还注重利用当地语言符号宣传马克思主义，以增强传播的针对性与通俗性。长征途中，红军所宣传的是马克思主义的意识形态，这一过程始终注重广阔地域多民族的传播、注重红军自身的马克思主义教育、注重信息的大规模生产，使红军的宣传鼓动效应最大化。② 柳建辉的《川陕革命根据地红军石刻标语对马克思主义大众化的历史启示》提到了石刻的三种主要形式：石刻文献、石刻标语和石刻对联。石刻的三类主要内容是：动员类，即明确高举马列主义旗帜、明确中国共产党的领导核心地位、明确革命对象是推翻三座大山、明确苏维埃政权的性质和任务等；政策类，即明确中国共产党和苏维埃政府的斗争纲领及各项方针政策；第三类为针对群众组织等的标语。石刻灵活多样、直观易懂、便于流传，实现了大众化在形式和内容、静态和动态上的有机结合。③ 陈岗梳理了红军在川陕苏区运用石刻传播马克思主义的方式。石刻标语高度概括了马克思主义思想，渗透着马克思列宁主义丰富的内涵；高度凝练了中国的语言文字，以本土化和通俗化特色宣传马克思主义；高度拓展了石刻的表现形式，以多元性和

---

① 韩洪泉：《长征与马克思主义中国化》，《苏区研究》，2018年第4期，第80页。
② 张品良：《长征中马克思主义大众化传播探析》，《江西财经大学学报》，2010年第5期，第83页。
③ 柳建辉、高中华：《川陕革命根据地红军石刻标语对马克思主义大众化的历史启示》，载《马克思主义传播研究（1）》，中国传媒大学出版社，2014年，第162页。

艺术性宣传马克思主义。① 刘振勇、陆霞以长征时期的红色标语为研究对象，认为红色标语深化了马克思主义在大众中的传播。党和红军通过红色标语，使马克思主义的宣讲和传播主体的大众化得到加强，有力引导了马克思主义的群众化实践，马克思主义大众化宣传的拓展与创新在这一过程中得到全面彰显。②

马克思认为："哲学家们只是用不同的方式解释世界，问题在于改变世界。"③ 关于长征时期西南地区传播马克思主义的成效，李单晶、罗大明认为，广大指战员大力播种马克思主义的真理，建立了红军同广大群众的深厚情谊。少数民族群众在扩大红军兵员、筹集粮草、动员民众运输支前等方面均发挥了重大作用。④ 长征中如何在处理党内矛盾、巩固党对红军的领导、处理与少数民族的关系等问题的同时传播马克思主义，对党和红军是一个挑战。余永跃、刘成松指出，长征中红军文艺宣传队和红军官兵通过自身的革命行动宣传马克思主义。宣传队采用"宣传鼓动棚"、快板顺口溜、诗歌等简单适用的形式宣传马克思主义，确保马克思主义革命火种的传播和长征的胜利。⑤

习近平强调："建设具有强大凝聚力和引领力的社会主义意识形态，是全党特别是宣传思想战线必须担负起的一个战略任务。要做好做强马克思主义宣传教育工作，特别是要在学懂弄通做实新时代中国特色社会

---

① 陈岗：《马克思主义大众化在川陕苏区的实践及启示——基于红军石刻标语政治文化的视角》，《临沂大学学报》，2014年第4期，第69页。
② 刘振勇，陆霞：《马克思主义大众化视阈下长征红色标语文化的传播分析》，《遵义师范学院学报》，2015年第6期，第6页。
③ 中共中央马克思恩格斯列宁斯大林著作编译局：《马克思恩格斯文集·第一卷》，人民出版社，2009年，第502页。
④ 李单晶，罗大明：《红军长征与马克思主义中国化非线性关系探索》，《毛泽东思想研究》，2015年第3期，第96页。
⑤ 余永跃，刘成松：《危机公关视角下的红军长征与马克思主义传播》，《教育教学论坛》，2012年第2期，第64页。

思想上下功夫。"① 作为马克思主义在中国内陆较早的适应性尝试和马克思主义中国化、大众化的逻辑前提，马克思主义在西南地区的早期传播无疑对新时代马克思主义在中国的持续发展具有重要的奠基意义。长征结束后，为巩固抗日民族统一战线、击溃国民党的反共言论，中国共产党在抗战大后方的四川地区继续利用进步报刊及文艺活动，同时依托高校社团开展马克思主义宣传。值得注意的是，高校是文化传播的主要载体，抗战时期规模空前的高校内迁使内地教育得以快速发展，对带动迁驻地人民开展抗日民主运动起到很大作用，同时也带去了先进的思想，马克思主义就是其中重要的一部分。②

在贵州，秉承遵义会议的精神遗产，借助高校以及高素质人才内迁，通过创办书店等渠道，马克思主义形成了多方法、多层次的传播系统。③在西藏，马克思主义的传播与实践是同时进行的。由于宗教文化本身的特性，加之西藏深处边疆，马克思主义在西藏开始真正意义上的传播是在西藏和平解放时期。西藏民主改革前，马克思主义在西藏的传播已经取得了积极的成就。通过组建基层党组织，开展马克思主义教育运动，发挥学校、电影和歌曲的功能以拓宽马克思主义传播渠道等方式，确立了各族群众的社会主义信念，中国共产党执政的基础得到稳固，为西藏向社会主义过渡创造了条件。④ 关于马克思主义在西藏传播的分期，徐志民将20世纪50年代至70年代的传播分为：西藏和平解放前马克思主义与西藏各族人民的有限接触，和平解放至民主改革前的间接传播，民主改革至"文化大

---

① 《习近平在全国宣传思想工作会议上强调：举旗帜聚民心育新人兴文化展形象 更好完成新形势下宣传思想工作使命任务》，《人民日报》，2018年8月23日，第1版。

② 裴彦梅，赵国友：《抗战时期马克思主义在四川的传播研究》，《党史文苑》，2017年第1期，第19页。

③ 刘琼，叶世才：《唯物史观视域下马克思主义传播的现实意义——以抗战时期马克思主义在贵州的传播为例》，《陇东学院学报》，2012年第2期，第20页。

④ 徐万发，刘虹：《西藏民主改革时期马克思主义的传播与实践》，《西藏民族大学学报（哲学社会科学版）》，2019年第3期，第19页。

革命"前夕的积极传播以及"文化大革命"时期的传播高潮四个阶段。①王春焕将马克思主义在西藏的传播分为传播和普及两个阶段。第一阶段指西藏和平解放前夕至1965年西藏自治区成立，马克思主义基本原理初步传播到西藏；第二阶段指西藏自治区成立至今，马克思主义中国化的理论成果普遍传播到西藏。②

统观已有研究，马克思主义在中国的早期传播是学界长久以来关注的重点问题。对马克思主义在西南地区传播的研究呈现以下特征。其一，当前研究已初步形成一定框架，传播主体、媒介、内容以及成效等方面均有一定的成果，但无论与全国性的宏观论证相比，抑或与华北、华南等区域的中观性研究相较，均显得十分薄弱。其二，研究领域日益多元化，融入了政治学、传播学、社会学等多学科研究方法，交叉学科研究范式得到发展，研究深度和广度得以提升。其三，研究视角逐步由宏观论述转向文本解读及个案研究。早期报纸杂志汇编的数字化，使得由文本解读研究马克思主义早期传播的成果增多；第一手史料的发掘，为学者从微观视角对具体个案进行探索提供了有力支撑。

总体而论，关于马克思主义在西南地区早期传播的研究尚未引起学术界的足够重视，进一步拓展和深化的空间较大，对未来研究的展望至少有以下几点：第一，拓宽研究视野。马克思主义在西南地区早期传播的主体、媒介、内容等问题的研究成果较为丰富，一定程度上反映出了研究视野集中、话题固化等问题。学者们大多将视线集中在以个别革命先驱为代表的传播主体，以报纸杂志为主要形式的传播媒介上，导致研究成果如出一辙，未能起到丰富研究主题的效果。第二，多元化发掘史料，加深对其文本的研究。文本研究有助于还原历史的原貌，发掘新的研究主题。由

---

① 徐志民：《马克思主义的西藏传播史研究——以20世纪50—70年代为中心》，《杭州师范大学学报（社会科学版）》，2012年第1期，第42页。
② 王春焕：《马克思主义在西藏的传播、普及和影响》，《西藏研究》，2018年第2期，第5页。

此，要提升现有档案史料的利用度。对海外史料的挖掘与整理也是拓宽研究视野的途径之一。另外,《五四时期重要期刊汇编》《马克思主义在中国早期传播史料长编（1917—1927）》之类的文献汇编亦对研究马克思主义在西南地区的早期传播有所助益。第三，进一步探索交叉学科研究方法。马克思主义在西南地区早期传播的现有研究成果，大多依附于历史学及政治学的研究，不利于新的理论及研究方法的突破。借用交叉学科研究方法，不仅要引入传播学、社会学、政策学、心理学等学科的研究方法，还应当在原有的历史学研究中突破"革命史"研究范式，引入社会科学研究方法，探索运用"现代化"研究范式，以求研究广度和深度的拓展。

王右木传播马克思主义的历程与实践

王右木成为四川共产主义运动史上重要的"播火者"与他任职于国立成都高等师范学校（以下简称"成都高师"）密切相关。五四运动前后，成都高师校内具有极为活跃的思想氛围，为王右木传播马克思主义提供了重要条件。与大多数马克思主义者类似，王右木经历了从无政府主义到马克思主义的思想转变，1922年初创办《人声》杂志，是其彻底转向马克思主义的重要标志。王右木在此期间组织的马克思读书会，并非其首创，而是在陈毅等人组织的社会主义读书会的基础上加以整合、改进的结果。该读书会后来成为青年团训练与吸收新成员的重要外围组织。经过王右木的"播火"，以童庸生为代表的成都高师学子走上了马克思主义的道路并成为成都青年团组织的骨干力量。

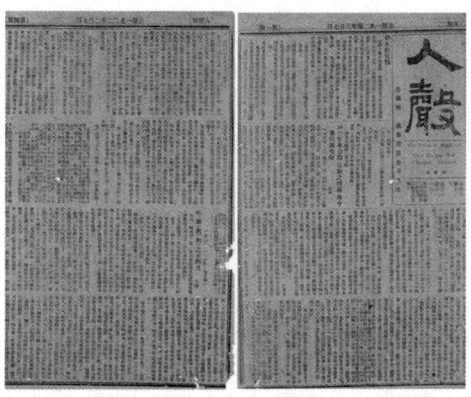

王右木主编的四川第一家宣传马克思主义的刊物《人声》[①]

---

① 党跃武，陈光复：《川大记忆：校史文献选辑·第四辑》，四川大学出版社，2011年，第48页。

思想拓荒 川大人与马克思主义在西南地区的早期传播

作为一种外来思想理论，马克思主义传入中国地方社会，在知识分子群体中经历了从"接收"到"接受"的过程。这一过程究竟是如何实现的，其间经历了哪些波澜起伏的事件，逐渐引起学界关注并成为中共创建史的热点问题。中国地域广袤，各地输入外来思潮存在"由东向西"的渐进过程。四川地处内陆，接受外来思潮亦存在"西学东渐"的现象。五四运动前后，社会主义思潮除借助报刊等常规媒介传布外，一些早期信仰者的思想"播火"尤其值得关注。西南地区马克思主义传播史上，王右木就是早期"播火者"。既有研究主要集中于王右木与马克思主义在西南地区传播的宏观考察[①]，大都忽视了王右木传播马克思主义赖以实现的契机，即任职于成都高师。这一契机使其与成都的知识分子阶层密切接触，成为其"播火"的重要条件。

此外，由于王右木早年即失踪，有关其的文字材料较少留存后世，既有研究多从相关人士的回忆录出发，在相关论点上往往以讹传讹。特别是王右木成为马克思主义者的时间和马克思读书会的来源等问题，更与实际情况存在较大出入。[②] 诸如此类的问题为后续研究留下了空间。本章尝试利用第一手资料，对王右木任职成都高师时期的"思"与"行"进行探

---

① 目前学界关于马克思主义在四川早期传播的研究成果较多，无法一一赘述，其中较具代表性的参见匡珊吉：《马克思主义的传播与四川人民的觉醒》，《四川大学学报（哲学社会科学版）》，1983年第2期，第9页；杨天宏：《川大史学·中国近现代史卷》，四川大学出版社，2006年，第151~169页；刘宗灵：《从"并行不悖"到"百川归海"——四川地区早期马克思主义者的聚合之途及群体特征分析》，《兰州学刊》，2018年第4期，第16页。

② 张秀熟在其回忆文章中称，"一九二一年春，四川马克思主义信仰者，中国社会主义青年团员，稍后成为中国共产党党员的王右木同志，首先开始了在社会群众中的活动"。言及王右木在1921年就彻底转向马克思主义与事实不符。张秀熟称王右木在1921年春创办《人声》的回忆明显有误。该刊物创办于1922年春。参见张秀熟：《四川社会主义青年团的建立前后》，载中国社科院现代史研究室等：《"一大"前后——中国共产党第一次代表大会前后资料选编（二）》，人民出版社，1980年，第495页。

讨，在厘清旧说的基础上，揭示马克思主义在西南地区早期传播的样态。①

五四运动前后马克思主义在成都高师等学校的引介

辛亥革命至五四运动前的四川大学主要包括两大源流：成都高师和五大专门学校。辛亥革命后，全国被分为六大学区，每个学区设立一所标志性的高等学校。1916年5月，北洋政府教育部决定将四川省城高等学堂和四川通省师范学堂合并，改为国立成都高等师范学校。这是四川大学校史上被冠以"国立"的开端。国立成都高等师范学校成立后，学校发展势头较快，学生人数、教育经费均有较大增长。1918年，教育部统计，成都高师专任教师和学生人数仅次于北京高师，位列全国第二；年度经费名列全国第四，仅次于北京、南京、武昌的三个高师。1916年，成都高师开始招收来自朝鲜、越南和匈牙利的留学生。在校留学生从1916年的214人增加到1919年的373人，教职员工从1916年的45人增加至1919年的78人。②

1915年9月，陈独秀在上海创办《青年杂志》，正式开启了一场席卷全国的，反对传统封建思想、道德与文化的思想革命。在四川，青年学生借助这些进步期刊逐步实现了思想启蒙。随着川籍留日学生的宣传鼓动，

---

① 国立成都高等师范学校和五大专门学校——四川公立法政专门学校、四川公立国学专门学校、四川公立农业专门学校、四川公立工业专门学校、四川公立外国语专门学校（简称"法专""国专""农专""工专""外专"）——是四川大学的重要源头。这部分主要探讨王右木在成都高师对马克思主义的传播，兼及其他专门学校。为表达规范，除标题和个别地方称"四川大学"外，其余仍然忠实于文献，以"成都高师"或者"法专""国专""农专""工专""外专"称呼。

② 《四川大学史稿》编审委员会：《四川大学史稿（第一卷）》，四川大学出版社，2006年，第55~65页。

成都高校学子思想逐渐解放。这些高校中以成都高师的表现最为突出。为纪念"五九国耻",抵制日货,1918年,成都高师等校学生发起了一次抵制日本在成都设立领事馆的集体抗议行动。为反对中日军事密约,1918年6月30日,成都高师联合市内其他专门学校以及中小学,共计60余名代表在川汉铁路公司举行四川学生救国筹备会,并发出《救国警告书》,号召全川学校"共谋国家前途"。四川学生救国筹备会的成立和《救国警告书》的发表,是五四运动前"四川地区一次较大规模的有鲜明政治色彩的集会和活动",[1] 是五四运动前的一次舆论和组织准备。这些集体行动充分说明成都高师在当时四川教育界的重要地位。

1919年5月4日,北京爆发了著名的五四运动。消息传到成都,知识界迅速掀起了一场声援北京被捕学生的运动。据阳翰笙回忆:"'五四'时期成都闹得热火朝天,各学校都在闹。"[2] 5月22日,成都高师全体学生致电北洋政府,要求惩办卖国贼,释放被捕爱国学生。25日,由成都高师发起的学界外交后援会成立大会得到教育界积极响应,六十余所公私学校,学生六千余人,各界人士万余人参加,大会宣布成立四川学界外交后援会,成都高师国文部学生张秀熟[3]、袁诗荛[4]当选为负责人。7月17日,经设在上海的全国学生联合会批准,四川学界外交后援会更名为四川全省学生联合会,会址设在成都高师校内,仍由张秀熟、袁诗荛担任正副理事长。[5] 这充分体现了成都高师进步学生在四川学生运动中的重要作用,成

---

[1] 《四川大学史稿》编审委员会:《四川大学史稿(第一卷)》,四川大学出版社,2006年,第71页。

[2] 阳翰笙:《阳翰笙选集·第五卷·革命回忆录》,四川文艺出版社,1989年,第42页。

[3] 张秀熟(1895—1994),四川省平武县人,1920年毕业于成都高师国文部,著名教育家。1926年加入中国共产党,曾任中共成都特支委员、中共川西特委书记、中共川康特委委员,新中国成立后任川西文教厅厅长、四川省教育厅厅长、四川省副省长等职务。

[4] 袁诗荛(1897—1928),四川盐亭县人,1917年考入成都高师,五四运动时期积极参加学生运动,被推选为四川省学联副理事长,创办《四川学生潮》,毕业后前往川北从事革命工作。1925年,袁诗荛加入中国共产党,担任盐亭县首任教育局局长兼国民师范学校校长,1928年被捕牺牲。

[5] 《四川大学史稿》编审委员会:《四川大学史稿第一卷》,四川大学出版社,2006年,第73页。

都高师则在整个成都的五四运动中扮演着"神经中枢"的角色。①为此，沙汀评论道："当'五四'的高潮涌进三峡的时候，这个学校（即成都高师——引者）不仅是当日四川反帝反封建运动的主要基地，许多前所未有的文化事业也是从这里发动的。"②

五四运动对于中国最大的影响在于思想文化的变革。在《新青年》等进步杂志引领下，"北至北京，南至广州，西至成都，东至上海"③，各种进步杂志如雨后春笋般涌现。1919年7月13日，在法专教师吴虞的指导下，少年中国学会成都分会创办《星期日》周刊，成为引领青年学生思想的重要杂志。在《星期日》的带动下，成都高师和五大专门学校师生纷纷创办刊物，传播新思潮。其中颇为有名的是：《四川学生潮》（四川全省学生联合会主办，成都高师学生袁诗荛主编）、《威克烈》（Weekly，四川公立外国语专门学校学生在吴虞的指导下创办）、《半月》（四川公立外国语专门学校学生巴金等人创办）、《直觉》（成都高师及其附中学生刘先亮等主办）。这些杂志宣传新思潮，批判旧传统，积极引进西方学说。

五四运动前后，成都思想界异常活跃，与在成都报界有"大总管"之称的陈岳安关系密切。他主持的"华阳书报流通处"（五四运动后改洋为阳——引者），积极购进反映新思潮的杂志，成为成都了解外部世界的重要窗口。④他还为成都本地报刊的发行大开方便之门。例如《国民公报》《蜀报》《川报》《威克烈》《星期日》等，其中不少是民办宣传新文化的报

---

① 张秀熟：《〈四川马克思主义运动先驱者——纪念王右木诞生一百周年〉序》，载中共江油县委党史办公室：《四川马克思主义运动先驱者——纪念王右木诞生一百周年》，四川大学出版社，1988年，第4页。

② 沙汀：《播种者》，载《沙汀文集·第四卷·短篇小说：1931—1944》，四川文艺出版社，2017年，第567页。

③ 陈子展：《十年以来的文学革命运动》，载《中国近代文学之变迁》，中华书局，1929年，第191页。

④ 教育家舒新城回忆他与陈岳安的交往时，高度评价书报流通处的作用："他底华阳书报流通处，虽然只在商业场占上海一楼一底那样大的地位，但是商务中华以外各种出版物都全靠他贩运，虽然他每年的营业有时还不够糊口，然而四川的所谓新文化几乎全恃他底努力。"舒新城：《蜀游心影》，开明书店，1929年，第164页。

刊，因资金微薄，无力雇人发售，便由书报处代订、代售。① 这种外引加内培并举的方式，有效改变了成都地处内地信息闭塞的不足。为此，刘弄潮说："我们要看的新的东西就到他那里，有许多统计数字也离不开他，从他那里得来的。"② 可见，流通处及时推动了新文化运动在成都的激荡。正如时人所评价："四川人人羡慕新思想，容纳新思想，要算二十二行省中第一。就以各种出版物说！如《新青年》《新潮》《新中国》《每周评论》！四川一省的销数都占外省的第一位。"③

在流通处的帮助下，大量省内外报刊涌现成都街头，各种外来思想如同潮水在四川知识界弥漫开来。"凡是中国所没有的，都受到欢迎，认为是'新'的"，④ 例如巴枯宁、克鲁泡特金的无政府主义，基尔特社会主义，圣西门的空想社会主义，醒狮派的国家主义以及马克思主义……各种思潮"如潮似水，纷至沓来，弄得学生们眼花缭乱，应接不暇"，无疑给青年学生造成了很大的思想困扰："一时间，又觉得这新的东西什么都好，又仿佛不知道该信奉什么"。⑤

正当此时，俄国发生了十月革命并建立了工农政权，其后又发表了《加拉罕宣言》，马克思主义受到国内知识阶层的强烈关注。在位于西南腹地的政治与经济重镇成都，十月革命的消息也随着报刊传来。据陈毅回

---

① 丁既明：《陈岳安与"华阳书报流通处"》，载中国人民政治协商会议四川省江安县委员会文史资料研究委员会：《江安文史资料选辑·第5辑》，内部资料，1991年，第37页。
② 《从成都社会主义读书会到社会主义青年团——刘弄潮同志谈话纪要》，载四川现代革命史资料组：《四川现代革命史研究资料》，1980年第2期，第2页。刘弄潮（1905—1988），原名刘作宾，四川新都人，1918年就读成都第一师范学校，1921年与阳翰笙等一起建立成都社会主义青年团（该组织后未经团中央批准），1925年受中共北方区委派前往吉林从事工人运动，后在武汉担任国立第二中山大学教授兼武昌农民运动讲习所教员，1930年与党组织失去联系，1951年重新入党，后调清华大学任二级教授。
③ 高一涵：《新西游记（六）》，《晨报》，第7版。
④ 陈望道：《回忆党成立时期的一些情况（1956年6月17日）》，载中国社科院现代史研究室等："一大"前后——中国共产党第一次代表大会前后资料选编（二）》，人民出版社，1980年，第19页。
⑤ 阳翰笙：《阳翰笙选集·第五卷·革命回忆录》，四川文艺出版社，1989年，第51页。

忆,十月革命的消息传入四川较迟,四川思想界对此的称呼颇有意思,"不说共产党,也不说马列主义",而称为"过激派革命",例如将其称为"过激党和富人作对,搞共产"。①尽管如此,十月革命及其揭橥的马克思主义还是在四川被悄然推介开来。

最早在四川介绍马克思主义的是成都《国民公报》。该报在五四运动前后曾陆续刊登过一些介绍马克思主义和俄国十月革命的文章。例如1919年5月13日至16日,《国民公报》连续转载了《布尔什维克之解释》一文,对马克思主义、无政府主义和法国、美国的大同主义进行了介绍。《国民公报》也成为早期"在川独一无二地、比较全面地刊载介绍马克思主义和俄国十月革命"的报纸。②此时期马克思主义的引介,迅速引起包括成都高师在内的成都青年学生的注意。在《国民公报》之后,《星期日》也开始刊登介绍马克思主义的文章,例如《俄国革命后的觉悟》《波尔雪勿党的教育计划》("波尔雪勿"即布尔什维克的译音)《社会主义劳动问题》等文章。特别是1919年12月出版的文章指出,社会主义是"福音",因此我们应该"欢天喜地,争先恐后的欢迎。消除我们往日的'三灾八难'"。③《四川学生潮》《威克烈》《半月》《直觉》等报刊也陆续登载介绍马克思主义的文章。马克思主义成为青年学子关注的时髦话题。这一情形,诚如时人的评价:近年来谈社会主义的杂志很多,虽其中也有短命的,但是都似乎有不谈社会主义则不足以称新文化运动的出版物的气概。

五四运动后,马克思主义这一外来思潮在成都高师广泛传播。然而,作为"一种需要注解的新的外来学说"④,青年学生往往很难准确理解其真实含义。当时各种思潮在国内泛滥传播,其中有不少也打着"社会主义"和"马

---

① 陈毅:《早年回忆(1952年)》,载聂元素整理:《陈毅早年的回忆和文稿》,四川人民出版社,1981年,第18页。
② 中共四川省委党史研究室:《中国共产党四川历史·第一卷》,中央文献出版社,2009年,第33页。
③ 《随感录》,《星期日》,第24号,1919年12月21日。
④ [日]石川祯浩著,袁广泉译:《中国共产党成立史》,中国社会科学出版社,2006年。

克思主义"的旗号"蹭热度"。泥沙俱下的结果,就是青年学生往往很难对马克思主义产生准确认识。此种情形,正如李劼人所观察:青年学生"对于现状都非常不满,都有一种爱国热情,都不再相信 18 世纪法国式革命能够救中国,但对于苏联革命的成功,对于布尔什维克主义,因为得不到许多资料作深入研究,仅止朦朦胧胧认为是一种崭新东西,值得欢迎而已"①。可见,对于马克思主义,包括成都高师在内的青年学子往往存在着较为模糊的认知。

青年学生急于改变旧世界的群体心理,往往使他们不加分辨地接收来自不同派别的思想。巴金形象地描绘了自己当年的心态:"五四运动象一声春雷把我从睡梦中惊醒了。我睁开了眼睛,开始看到一个崭新的世界","面对这一个崭新的世界,我有点张皇失措,但是我已敞开胸膛尽量吸收,只要是伸手抓得到的新东西我都一下子吞进肚里。只要是新的、进步的东西我都爱;旧的、落后的东西我都恨。"② 因此,各种新思想如同潮水般涌来,青年学生自然分不清马克思主义、无政府主义的区别,更不会在意马克思、卢梭、尼采、达尔文、克鲁泡特金的差别,只要是新的,就通通拿过来作为反抗礼教、解放个性、解放人类的武器。特别是无政府主义,因反公权、强调平等的特点,一度深受学生欢迎。

尽管时隔多年,巴金仍然清晰地记得当年看到无政府主义者克鲁泡特金的《告少年》时自己激动与震撼的心情:"它们是多么明显,多么合理,多么雄辩。而且那种带煽动性的笔调简直要把一个十五岁的孩子的心烧成灰了。"③ 他由此迅速成为一名无政府主义者。身为四川学生运动的骨干,成都高师学生袁诗荛也是如此。1921 年,袁诗荛与巴金等《半月》报的同

---

① 李劼人:《回忆少年中国学会成都分会之所由成立》,载《李劼人全集·第 7 卷·散文》,四川文艺出版社,2011 年,第 55 页。
② 谭兴国:《巴金的生平与创作》,四川文艺出版社,1988 年,第 27 页。
③ 巴金:《我的幼年》,载唐金海:《巴金散文选集》,百花文艺出版社,2009 年,第 154 页。

人组织成立了倾向无政府主义的团体"均社",① 并发表了《均社宣言》,称将建立一个无私产、政府、法律、军警、教会,"各尽所能、各取所需;教育普及,智能均等"的"自由、平等、互相爱助的社会"。② 可见,尽管马克思主义已在成都传播,但各种学说众多,导致青年学生对于马克思主义的认识往往存在很大偏差。此时,王右木到成都高师任职,成为推动马克思主义在成都高师乃至成都传播的重要人物。

王右木任职成都高师后的思想转变与《人声》报的创办

王右木,原名丕昌,曾用名过燧、燧氏、猷谟等。他于1887年出生在四川江油县(今江油市);1913年毕业于四川通省师范学堂理化专科;1914年前往日本,就读于庆应大学学习理化,后为探索救国道路而转学进入明治大学法制经济科,专攻社会科学。在此期间,王右木结识了李大钊、陈独秀等人,还加入了由李大钊组织的"神州学会"。③ 但此时的王右木仅为民主主义者④,并非为大多数论著中所称的马克思主义者。

---

① 巴金在回忆中提及了自己和"几个青年"参与《半月报》的编辑和组织"均社"的情况,并未提及参与者的姓名。巴金显然与袁诗荛有过密切来往,他的小说《春》中"方继荛"的原型就是袁诗荛。参见巴金:《我的幼年》,载唐金海编:《巴金散文选集》,百花文艺出版社,2009年,第157页;《袁诗荛》,载中华人民共和国民政部:《中华著名烈士·第3卷》,中央文献出版社,2000年,第427页。

② 《均社宣言》,载葛懋春等:《无政府主义思想资料选》,北京大学出版社,1984年,第534页。

③ 据杜钢百回忆,他当时因考取成都高师被人质疑并举报,负责审查的就是王右木。杜钢百也由此与王多次接触。杜钢百:《回忆王右木烈士》,载清华大学国学研究院:《杜钢百文存》,江苏人民出版社,2018年,第150页。

④ 据王右木自述,他在日本期间因坚持"德谟克拉西(即民主)"学术思想,一度被指责为筹安会成员。《王右木给施存统的信——关于成都团的恢复和发展(1923年4月30日)》,载四川省档案馆等:《四川革命历史文件汇集(1923—1925)》,甲1,内部资料,第69页。

1918年秋，王右木以优异的成绩毕业于明治大学并踏上了回国的旅途。1919年6月，王右木受聘成都高师并担任学监，主要讲授经济学和日文；同时在成都高师附中、女子师范学校、法专和农专兼职讲授经济学课程。任教于成都高师的王右木平易近人，生活简朴。据当年的学生回忆，他每次上课后，从来不到教员准备室去等工友给他打洗脸水和泡盖碗茶，更不到学监室和教务处去说学生的坏话。他总是把一顶旧呢帽戴得矮矮的，悄悄走到教室侧边来找同学闲谈。下课后又有很多同学围着他谈问题，要一直谈到下堂课的钟声响了他才脱身的。他利用学监身份指导学生的课外活动，经常教育学生说"要研究新的社会科学，从旧的国故中走出来，做中国的新青年"。① 此时期，王右木的思想始终处于活跃阶段，始终鼓励学生大胆接受新思想，正式开始了他在成都高师的"播火"历程。

学校教员名册中的王右木②

① 《王右木烈士——四川地区的马克思主义先驱》，载党跃武，陈光复：《川大记忆：校史文献选辑·第四辑》，四川大学出版社，2011年，第47页。
② 党跃武，陈光复：《川大记忆：校史文献选辑·第四辑》，四川大学出版社，2011年，第46页。

他建议成都高师学生杜钢百"要留心时事、新事物，多阅读新书报，才能适应潮流，推进社会"，鼓励他"做中国的新青年"，并给他介绍《新青年》等杂志。① 在王右木的引导下，成都高师学生运动骨干张秀熟、袁诗荛等人开始聚集在他身边研究与传播新思潮。张君培②后来即向沙汀坦承，在四川新文化运动的人物中，"他最为佩服的是已故的王右木先生"，王右木将全部精力投入到启发学生和工人中，甚至无暇吃饭，"一天只吃一两个锅盔"！③ 由于受到《新青年》等杂志的影响，王右木开始关注马克思主义。1920年春夏之际，陈独秀等在上海建立了共产主义小组。该年暑假，王右木前往上海，与陈独秀等人会面，了解中共早期党组织的基本情况④，这是他思想变化的重要节点。

尽管王右木任职于成都高师，但生活十分简朴甚至清苦。据梁国龄（梁华）回忆，由于他多将薪水花在办刊物和帮助工人、学生上，导致"物质生活是过得非常的坏"，"他家的老婆孩子们当不了一些工人的老婆孩子"。⑤ 王右木任教成都高师之时，正值五四运动前夕无政府主义在思想界（尤其是高校）大行其道。⑥ 与很多共产党人的情况类似，王右木在成都期间同样经历了从无政府主义者到马克思主义者的转变过程。1920年底，他与袁诗荛联合向四川省会军事警察厅申办《新四川旬刊》，该刊以

---

① 杜钢百：《回忆王右木烈士》，载清华大学国学研究院：《杜钢百文存》，江苏人民出版社，2018年，第151页。
② 张君培，四川早期工人运动的先驱，当时在成都高师当小工，上夜校。
③ 沙汀：《播种者》，载《沙汀文集·第四卷·短篇小说：1931—1944》，四川文艺出版社，2017年，第568页。
④ 冯铁金：《王右木年谱》，载中共江油市委党史研究室等：《四川马克思主义运动先驱者王右木》，光明日报出版社，2017年，第55页。
⑤ 梁国龄（梁华）：《关于四川党组织情形的回忆》，载四川现代革命史资料组：《四川现代革命史研究资料》，1981年第2期，第13页。梁华（1906—1956），四川广汉人，1923年入党，先后担任中共四川省委秘书处交通科科长、中共成都市委委员兼工人部长、中共驻南京代表团组织部秘书，中央统战部人事室主任，新中国成立后相继担任西南局组织部副部长、四川省委监委书记等职务。本文是梁华1941年2月在延安所作。
⑥ Arif Dirlik, *The Origins of Chinese Communism*, Oxford University Press, 1989, pp. 74-75.

"研究学术,改进社会,建设新四川为宗旨"。① 看似仅为学术刊物,实际上以宣传与研究无政府主义为旨趣。这一点王右木后来在给时任团中央书记施存统的信中有所表露。他在信中说,当时成都的杂志中,《半月刊》和《新四川十日刊》有"社会主义之趋向"。这里的"社会主义"实为无政府主义。因为他们当时"只以读日本森户辰男著《克鲁泡特金社会思想之研究》为主",而于"社会主义派别,全不明瞭"。直到他后来阅读到《新青年》杂志以及《社会问题总览概况》后,"始于派别鲜然"。② 所谓"派别鲜然",实际上是他已将马克思主义与无政府主义区别开来。

王右木提及的《社会问题总览概况》即《社会问题总览》,为日本学者高畠素之的著作,由李达在日本翻译后寄回国内,1921年由中华书局出版。该书较为系统地介绍了马克思主义的唯物史观、剩余价值学说,同时对"修正派社会主义""工团主义""无政府主义"进行了批判。③ 此书连同李达翻译的《唯物史观介绍》《马克思主义经济学说》一起,有力推动了马克思主义学说在国内的传播。④ 可见,正是因为受到了《新青年》杂志和《社会问题总览》的影响,王右木才于1921年逐渐服膺于马克思主义。⑤ 关于这一点,他后来在《新四川十日刊》的基础上创办《人声》时也做了说明,即追求"人类均等幸福之坦道"而"正前《新四川》之

---

① 《王右木、袁诗荛致四川省会军事警察厅呈(1920年12月25日)》,载成都市档案馆:《有关王右木与〈新四川〉、〈人声〉旬报的几件史料》,《民国档案》,1991年第1期。
② 《王右木给施存统的六封信(1923年夏)》,载四川省档案馆等:《四川革命历史文件汇集(1923—1925)》,甲1,内部资料,第108页。
③ [日]高畠素之著,李达译:《社会问题总览》(上册),中华书局,1921年。
④ 卞杏英:《上海革命简史》,学林出版社,1990年,第25页。
⑤ 据张秀熟回忆,1921年暑假,他与袁诗荛前往南充,出发前见到王右木,后者"表现得英气勃勃",称"成都的学生大有希望"以及工人也受到了五四运动影响,进而提出"需要把这些进步力量组织起来,向着俄国十月革命的道路走去"。可见,在1921年中下旬,王右木就开始转向马克思主义。张秀熟:《〈四川马克思主义运动先驱者〉序》,载中共江油市委党史研究室等:《四川马克思主义运动先驱者王右木》,光明日报出版社,2017年,第151页。

失"。① 他还在《人声》出版宣言中旗帜鲜明地提出"直接以马克思主义的基本要义,解释社会上一切问题",并"讨论马克思主义之学术的及实际的一切问题"。② 王右木在《人声》报创刊之时,还发表了题为《一年来自治运动之回顾与今后的新生命》一文,对过去《新四川》报曾积极宣传"自治运动"做了回顾和检讨,总结了在军阀割据时期提倡实行"自治运动"的教训,同时展望将来,人民大众将获得"今后的新生命"。"新生命"就是"社会主义"。究竟什么是社会主义?当时,王右木把它初步概括为七个方面:社会主义可免却世界资本主义压迫;立即免除军国主义的压迫;立即阻止军阀构兵;可救济财政破产;可以减轻人民的痛苦;可使凡人民的精神及物产生活渐次安固;可促进世界和平。③ 由此可认为,1922年2月7日,《人声》的创办,标志着王右木放弃无政府主义彻底转变为坚定的马克思主义者。④

《人声》出版后,其积极宣传马克思主义。创刊号登载了大量宣传马克思主义和十月革命的文章,如王右木的《一年来自治运动之回顾与今后的新生命》《〈红色的新年〉按语》《〈十年后之日本〉按语》,袁诗荛的《红色的新年》,积极支持陈独秀、李大钊、李达等人的观点,讴歌十月革命是"赤色化的发源地,实行劳农(应为"工"——引者)主义的新俄国"。⑤ 该文因旗帜鲜明地赞颂十月革命,引起成都卫戍司令部注意,认为其"语极离奇",并训令警察厅警告《人声》编辑部"言论务求中正,不

---

① 王右木:《本报(〈人声报〉)创刊缘起(1922年初)》,中共江油县委党史办公室编:《四川马克思主义运动先驱者——纪念王右木诞生一百周年》,四川大学出版社,1988年,第150页。
② 王右木:《本社(〈人声报〉)宣言(1922年初)》,中共江油县委党史办公室编:《四川马克思主义运动先驱者——纪念王右木诞生一百周年》,四川大学出版社,1988年,第149页。
③ 沈果正:《〈人声报〉与王右木》,《四川文物》,1986年第2期,第66页。
④ 1923年6月,恽代英在给团中央的报告中高度评价王右木的坚定立场,称"此地王右木君,确为热狂而忠于中央者"。参见《恽代英给团中央的信——请适当指导四川团的工作(1923年6月)》,载四川省档案馆等:《四川革命历史文件汇集(1923—1925)》,甲1,内部资料,第125页。
⑤ 袁诗荛:《红色的新年(1922年初)》,中共江油县委党史办公室:《四川马克思主义运动先驱者——纪念王右木诞生一百周年》,四川大学出版社,1988年,第157页。

得在涉离奇",否则将令其停刊。① 王右木不为所动,继续通过《人声》宣传马克思主义,直至1922年6月被当局停刊。

尽管该刊存续时间不足半年,但作为四川地区第一份旗帜鲜明地宣传马克思主义的杂志,它不仅在成都地区发行,还借助学员网络传播到了川北南充等地。②《人声》对包括成都高师在内的四川青年学生产生了很大影响[3],进而在西南共产主义运动史上写下了浓墨重彩的一笔。

从"社会主义读书会"到"马克思读书会"的转型

创办《人声》报之外,1921年冬,王右木还在成都高师明远楼组织了马克思读书会。关于这个读书会,既有论说大都强调其在四川地区马克思主义传播史上的重要意义,隐含着该读书会是王右木首创之意。实际上,该读书会是他在陈毅等人创办的社会主义读书会基础上加以引导而成,并非其首创的产物。正是在指导读书会过程中,王右木逐渐放弃无政府主义,转而成为马克思主义的坚定信仰者。

五四运动时期,新旧文化在成都激烈交锋。成都留法勤工俭学预备学

---

① 《成都卫戍总司令部陆军第三军司令部训令(1922年2月10日)》,载成都市档案馆:《有关王右木与〈新四川〉、〈人声〉旬报的几件史料》,《民国档案》,1990年第1期。

② 据张秀熟回忆,当时他与袁诗荛在川北南充中学任教,成为《人声》在川北的特约通讯员和代派员,"每期代销二十至三十份"。参见张秀熟:《四川马克思主义运动先驱者——记王右木烈士》,载中共江油市委党史研究室等:《四川马克思主义运动先驱者王右木》,光明日报出版社,2017年,第157页。

③ 1922年10月23日,新成立的团成都地委(以成都高师学生童庸生为书记)报告团中央,强调王右木对他们的影响:"此地方团未成立时,我们老早受了王右木先生的感化,因为王先生他创了一个《人声》报社,我们有多少都是这报社的成员。"《团成都地委向团中央的报告(1922年10月23日)》,载四川省档案馆等:《四川革命历史文件汇集(1923—1925)》,甲1,内部资料,1986年,第41页。

校的思想氛围十分活跃，学校自由讨论的风气也较为盛行，同学们时常根据个人阅读兴趣与爱好自发组织读书会。1918年夏天，陈毅和成都第一师范学校的学生刘弄潮等七八个同学组织了一个读书会①，据刘弄潮回忆，陈毅因为性格"热情洋溢，坦白豪爽"，自然成为读书会的领导，但这个读书会仅"只是读书而已，开始说不上有什么思想色彩"，只是大家互相分享新发现的文章。② 1917年5月27日，吴玉章在北京留法预备学校开学典礼上发表的一篇演讲，指出"'社会主义'一名词，早已通行于世界"，且"今日为社会主义盛行时代"，并对社会主义派别中的"急烈"和"平和"各方进行了介绍。③ 该文刊登于《旅欧杂志》，进而引起了陈毅等在川留法预备学校学生的注意。为了弄清"社会主义"的基本概念，明确读书会主题，在陈毅的倡议下，读书会正式被命名为社会主义读书会。

五四运动以后，读书会的参与人数和范围进一步扩大，部分成都高师的学生加入进来，如袁诗荛、肖华清等。由于无政府主义同样打着"社会主义"的旗号，很多人无法分清什么是社会主义。正如刘弄潮所说："那时，读书会的人，弄不清楚什么是马克思科学社会主义，什么是无政府主义者标榜的社会主义。"直到1920年，吴玉章到成都演讲《科学的社会主义》，才使读书会成员的认识有所澄清。袁诗荛、肖华清等人逐渐从信仰无政府主义转向了信仰科学的社会主义。可以说，直至1920年夏之前，王右木与该读书会未发生直接关系。但吴玉章莅临成都，成为该读书会名称从"社会主义"改为"马克思"的重要契机。

1920年，吴玉章来到成都。读书会闻讯，派成都高师学生肖华清和刘弄潮前往拜会并邀请吴玉章讲演"科学的社会主义"，将地点定在成都高

---

① 刘树发等：《陈毅年谱》，人民出版社，1995年，第25页。
② 《从成都社会主义读书会到社会主义青年团——刘弄潮同志谈话纪要》，载四川现代革命史资料组：《四川现代革命史研究资料》，1980年第2期，第4页。
③ 吴玉章：《甚愿吾国青年目光注于全世界（1917年5月27日）》，载中共四川省委党史工作委员会：《吴玉章文集》，重庆出版社，1987年，第29页。

师校内。消息传出后，市内的中学、专门学校和华西协合大学不少学生前来听讲，人数大大超出原有会场的容纳量。不得已之下，肖华清等人与时任成都高师学监的王右木联系，将地点改为成都高师校内的至公堂。演讲中，吴玉章开门见山地指出："科学的社会主义，就是马克思主义。"他同时介绍了马克思主义的三个组成部分。本次讲演意义重大，"使一些在各种社会主义流派迷惘中的朋友，进一步认识了今后信仰的方向"。特别是读书会的会员们更是"恍然大悟"，并认为应该将读书会改名为"马克思读书会"（实际名称为"马克思读书会"——引者）。此外，根据吴玉章的建议，读书会决定进一步扩大组织，吸收更多的人入会。同时，鉴于王右木对本次活动的积极支持，兼之他思想颇为活跃，"公推王右木同志任指导"，主要负责"拟定读书大纲""分组学习讨论"和"报告心得纪要"。①

马克思读书会是公认的四川地区第一个宣传与传播马克思主义的群众性组织。王右木担任读书会指导老师后，迅速行动起来，主要从组织和思想两个层面着手对读书会进行改造。首先，不断扩大读书会的范围，并将包括成都高师校内读书会在内的其他学校读书会集合起来，"暗中指导"，再将其"改为各校共通的读书会"。② 会员对象为大中学生、中小学教员、新闻工作者、社会知识青年以及少数工人，每周开会一次。其次，不断增加读书会的讨论深度。尽管此时的王右木尚未彻底成为马克思主义者，但他已对研究马克思主义持有浓厚的兴趣。据读书会成员刘弄潮回忆，在王右木的引导下，读书会成员一起讨论"资本论""劳动创造价值""剩余价值"，进而触及资产阶级剥削无产阶级的问题；讨论"马克思的政治学"时，读书会认为社会主义的实现必须突破旧有的生产关系，实行社会主义革命。此外，王右木组织大家讨论陈望道翻译的《共产党宣言》、恽代英

---

① 《从成都社会主义读书会到社会主义青年团——刘弄潮同志谈话纪要》，载四川现代革命史资料组：《四川现代革命史研究资料》，1980年第2期，第4页。
② 《王右木给施存统的六封信（三）（1923年夏）》，载四川省档案馆等：《四川革命历史文件汇集（1923—1925）》，甲1，内部资料，1986年，第108页。

翻译的《阶级争斗》等。① 同时，其邀请恽代英本人前来读书会讲课，激发了大家的讨论热情。② 从读书会成员的讨论深度来看，他们已经对马克思主张的科学社会主义有了较为深刻的理解，这种理解在一定程度上强化了王右木的马克思主义立场。

此外，王右木还亲自担任主讲。他根据不同对象采取灵活的讲课方式，阅读范围也从最初的"报纸和社会主义讨论集、《新青年》《新潮》等刊物"扩展为"马克思书籍及李大钊'问题与主义'的论战等文章"③，会员逐渐发展到三四十人，"流动听讲的最多时达到百人"。④ 留存至今的一份读书会名录显示，48 名成员中，来自西南公学、农专、外专、成都高师、华西协合大学、蓉城女子学校、省立女子师范、工专等学校的共计 25 人，占 52%；其余则来自高等蚕业讲习所和实业女子讲习所以及自由职业者。⑤ 可见，包括成都高师在内的各校青年学生在读书会中占很大比例，读书会同时也吸引了其他职业的人参加，形成了以成都高师为核心的同心圆模式：成都高师—成都主要高校—社会其他行业（其他地区）。在这个同心圆中，王右木扮演着"播火者"的关键角色。在王右木的指导下，马克思读书会影响日著，甚至辐射到四川其他地区。1923 年初，川南泸县青年团在恽代英指导下，借助川南师范学校建立了马克思学说研究会，明确

---

① 《从成都社会主义读书会到社会主义青年团——刘弄潮同志谈话纪要》，载四川现代革命史资料组：《四川现代革命史研究资料》，1980 年第 2 期，第 4~6 页。

② 据王右木给团中央负责人施存统的信，马克思读书会在恽代英来讲课时，大家情绪更是"为之一振"。《王右木给施存统的六封信（1923 年夏）》，载四川省档案馆等：《四川革命历史文件汇集（1923—1925）》，甲 1，内部资料，1986 年，第 114 页；《钟心见 1980.1.20 谈话记录摘要》，载中国人民政治协商会议四川省委员会文史资料委员会：《四川文史资料选辑·第二十八辑》，四川人民出版社，1983 年，第 49 页。

③ 杜钢百：《回忆王右木烈士》，载清华大学国学研究院：《杜钢百文存》，江苏人民出版社，2018 年，第 151 页。

④ 张秀熟：《四川马克思主义运动先驱者——记王右木烈士》，载中共江油市委党史研究室等：《四川马克思主义运动先驱者王右木》，光明日报出版社，2017 年，第 156 页。

⑤ 王右木：《成都马克思读书会会员录（1922 年 10 月 11 日）》，载四川省档案馆等：《四川革命历史文件汇集（1923—1925）》，甲 1，内部资料，1986 年，第 21~23 页。

以"研究马克思学说"为宗旨。① 由此，即便后来王右木失踪，读书会依然保持着强大的影响力。

据杨尚昆回忆，1924年尚在成都高师附中上学的他，经他的四哥杨闇公介绍，认识了几位成都高师的学生，进而在他们那里"常常听到一些革命道理，受到诱导和启发"。不仅如此，杨闇公还介绍他认识了甲种工业学校的廖恩波，参加了廖恩波组织的读书会，阅读了《欧洲社会思想史》等书，尽管这些书并非马克思主义著作，但他从中"知道了马克思主义著作，初次接触到马克思主义学说"。② 这是读书会在传播马克思主义方面发挥作用的例证。在发展组织方面，随着四川党团组织的建立，为避免引人注目，王右木失踪后，马克思读书会更名为社会科学读书会，但它却增加了另外一项组织功能——"吸收新同志及训练同志"。③ 可见，读书会这种特殊的形式和功能，在研究马克思主义在中国的早期传播史时应予以充分注意。

由前述可知，王右木任职于成都高师前后的思想存在从民权主义、无政府主义到马克思主义的变化过程。甚至直至1920年下半年，他仍然处于无政府主义者向马克思主义者过渡的重要阶段。尽管如此，他开放活跃的思想，使他对于马克思主义始终存在一定的兴趣，进而指导读书会开展深度讨论。正是因为读书会内部激烈又不失深度的讨论与分析，强化了王右木的马克思主义信仰，最终使他转变为一个彻底的马克思主义者。

作为一种外来理论，马克思主义在传入地方社会后往往会经历一个颇为相似的扩散模式，即由思想、行动再到组织发展。王右木创办刊物和组织读书会宣传马克思主义的同时，还积极参与了1922年成都高教界争取教

---

① 《泸县马克思学说研究会简章（1923年1月3日）》，载四川省档案馆等：《四川革命历史文件汇集（1923—1925）》，甲1，内部资料，1986年，第51页。

② 杨尚昆：《我早年的革命引路人——忆闇公四哥》，载刘伯承等：《忆杨闇公同志》，四川人民出版社，1980年，第71页。

③ 《张霁帆给团中央的信——关于四川团的工作和各阶层状况（1924年）》，载四川省档案馆等：《四川革命历史文件汇集（1923—1925）》，甲1，内部资料，1986年，第174页。

育经费独立的运动,并在其中担任领导职务;积极投身工人运动,举办工人夜校;此外,王右木还指导成都高师学生童庸生等人建立成都青年团组织。① 无论是创办《人声》报,组织马克思读书会,参与社会运动还是指导建立成都青年团组织,王右木和成都高师都在其中扮演着核心角色。在王右木的宣传动员下,一大批包括成都高师在内的各校青年学生从无政府主义信仰中走出来,选择了科学的社会主义。例如,1922年10月初,王右木从团中央接受回川建团的任务,路过重庆,见到一些有为青年加入无政府主义组织,深感痛心,他特别留下几天做这些人的争取、转化工作。恰逢原成都高师学生刘砚僧路过重庆,他耐心地做刘砚僧的思想工作,促成他在重庆甲种商业学校任教,并吸收其加入了社会主义青年团。同年10月中旬,王右木回到成都建团时,又先后吸收了原安派的吕式宪、刘参悟等人入团。② 再如,王右木积极投身于1922年6月的争取教育经费独立运动,在当时引发了广泛关注。为此,王右木说:"四川经过前次学潮后,一般学生脑中,颇将马克思三字印入,成都旧日安派(即安那其派,无政府主义——引者)空气,已不为青年所重。"③ 在他的引领下,一大批成都高师学生走上了革命道路并成为四川共产主义运动的先驱。同时,王右木还与团中央、中共中央取得联系,积极帮助建立成都团组织,并于1923年10月建立中国共产党成都独立小组。正值四川党、团组织积极发展之时④,1924年,王右木在广州参加会议后经贵州返川,在土城一带失踪。

---

① 《团成都地委向团中央的报告——关于团地委的成立情况(1922年10月23日)》,载四川省档案馆等:《四川革命历史文件汇集(1923—1925)》,甲1,内部资料,1986年,第42页;阳翰笙:《阳翰笙选集·第五卷·革命回忆录》,四川文艺出版社,1989年,第51页。
② 盛明:《无政府主义在四川的流传》,《四川党史》,1995年第3期,第47页。
③ 《王右木致团中央负责人的信——关于成、渝、川北团的筹建情况(1922年10月11日)》,载四川省档案馆等:《四川革命历史文件汇集(1923—1925)》,甲1,内部资料,1986年,第8页。
④ 成都团地委成立后,积极发展团组织,截至1924年2月底,成都团地委下设11个支部,主要集中各类学校。参见《王右木、黄钦给团中央的信——成都团组织发展情形及今后工作要点(1924年2月25日)》,载四川省档案馆等:《四川革命历史文件汇集(1923—1925)》,甲1,内部资料,1986年,第153页。

此番变故对于四川的共产主义运动无疑是一大打击。所幸的是，在王右木失踪前后，任职于成都高师的恽代英、吴玉章、杨闇公等人薪火相传，继续在校内外传播马克思主义，① 而马克思读书会这种特殊的形式，不仅成为传播马克思主义的重要手段，还成为秘密状态下党团组织的"新血轮"，对于考察与吸收新成员意义重大。王右木通过在成都高师组建马克思读书会和出版《人声》报，奠定了成都高师在西南地区马克思主义传播史上的桥头堡地位。《人声》报被认为是四川地区第一家以宣传马克思主义为主要任务的刊物。其办报方针为直接以马克思主义的基本要求，解释社会上的一切问题；注意世界各地的社会运动状况和已有的成绩，以资我辈讨论，或加入第三国际团体，作一致行动；讨论马克思社会主义之学术及实际的一切问题等八条。② 这表明以王右木为代表的成都高师进步师生已不满足于一般的马克思主义理论学习，而要力图使马克思主义与中国革命实际相结合。因而《人声》报的创办可以视为中国共产党在高校的党建活动。③ 王右木在《人声》报上发表文章大力赞扬社会主义，批判张东荪的假社会主义，主张在中国实行"新俄罗斯的赤色化"，实际就是走十月革命的道路。《人声》报由于"专门宣传马克思主义，坚持了五个月，被军阀勒令停刊，但马克思主义思想的影响在四川是大大扩大了"④。王右木依托学校的知识阶层传播马克思主义，不但使之具备了马克思主义在全国传播的普遍性特征，亦兼具了西南地区马克思主义传播的地域特色。

---

① 例如1922年9月，吴玉章任职成都高师校长后，支持王右木以平民教育社为名，在成都高师校内培训工人骨干，宣传马克思主义、俄国革命及各国工人运动史。参见刘文耀等：《吴玉章年谱》，四川人民出版社，1998年，第102页。
② 四川大学校史编写组：《四川大学史稿》，四川大学出版社，1985年，第78页。
③ 李向勇：《论民主革命时期中共高校党建与马克思主义传播》，《党史研究与教学》，2009年第2期，第61页。
④ 张秀熟：《五四运动在四川的回忆》，载中国社会科学院近代史研究所：《五四运动回忆录（下）》，中国社会科学出版社，1979年，第886页。

王右木小传

王右木烈士①

王右木（1887—1924），四川地区最早的马克思主义传播者，四川共产主义党团组织的创建人和最早的领导人之一。他组织了马克思读书会，创办了《人声》报，以满腔热血推动社会主义思潮在人民群众中蔓延开来。他领导了四川教育经费独立运动以及工人运动，真正做到了将无产阶级革命与人民群众结合起来。在他的不懈努力之下，社会主义青年团成都地方团应运而生，中共成都党支部也建立起来。他虽然早年遇害，可他给四川地区带来的革命精神却如同烈火，在人们的心中代代相传。

生于乱世而志存高远

1887年11月12日，王右木出生在四川省江油县（今江油市）武都镇的一个普通的平民家庭。

---

① 党跃武，陈光复：《川大记忆：校史文献选辑·第四辑》，四川大学出版社，2011年，第43页。

他的父亲名为王源光，又名王奎生，曾考取清朝的秀才，早年以教书先生为职，后来又做些生意勉强维持全家生活。王右木曾取名王丕昌、王燧，其家中还有两个哥哥。他的大哥王初龄也曾考取秀才，后来当了私塾教师。在王右木幼年时期，他的父亲不幸去世，家庭经济条件日益困难，他几近面临停学。但是大哥王初龄始终支撑着家庭，让王右木能继续接受教育，并期盼其能出人头地、有所作为。除却一家人东拼西凑筹集的一部分学费之外，假期王右木自己还在家门口摆摊写字卖钱来补贴学费。在那样动荡不安的年代，恶劣的环境和条件塑造了王右木顽强不息的品格和艰苦奋斗的意志。

他先后就读于江油县的登龙书院和龙安府立匡山书院，在清末时期，还参加了童生试，成绩名列前茅。1907年（清光绪三十三年），王右木考入四川通省师范学堂的数理科。他之所以考取师范学堂，也是源自大哥王初龄的影响。王初龄作为一名旧式知识分子，一直以儒家思想教育着王右木，王右木自然以诲人不倦、教育兴国的理念作为自己的目标，他当时的想法很明确，只有源源不断地培养、教育出人才，才能挽救支离破碎的国家和人民于水火之中。

当时的成都，虽然在清政府的管理之下依旧相对闭塞，但革命的前奏已经响起，进步的思想已经蔓延开来。王右木来到成都学习的那段时期，不仅强身健体、勤奋学习，更是开阔了视野，结识了不少有志青年，受到革命气息的熏陶。1909年，王右木回到了家乡江油县，被聘为龙郡中学的监督（相当于校长的职务）。

回乡任教之后的他，一心想着为国家教育人才，但教育是否一定能拯救危亡的民族呢？这时期的王右木想到，只有振兴民族科学，才可以使国家富强，以抵御外来入侵，从而他完成了从"教育兴国"向"科学救国"的思想转变。1910年，他辞去龙郡中学的职务，又回到四川通省师范学校继续研读理化专科，不到一年，就因经济窘困被迫辍学，再度就职龙郡中学任教务主任。几番波折之后，王右木终于于1913年自四川通省师范学堂毕业，在这之后他又回到了家乡的龙郡中学任职物理教师。

在他辗转读书、任教的时期，辛亥革命的风暴席卷了大江南北，也激发了王右木一颗炽热的心。如同当时的诸多青年，他看到民主共和的曙光仿佛照耀在民族的前进大道上，并为此激动不已。辛亥革命推翻了统治中国两千多年的封建社会的君主专制制度，但辛亥革命的失败和军阀专制统治局面的形成，从客观上宣告了民主共和这条路行不通，身处历史性剧变中的王右木，同当时的有志之士一起，始终走在探索民族未来的道路之上。

向马克思主义的思想转变

早在于四川通省师范学堂求学时，王右木就对明治维新后的日本励精图治、日臻富强的情况有诸多了解，想去学习借鉴。返乡后，他又正好遇上省上给江、彰两县分配了一个官费留学日本的学生名额，王右木毅然赴考且被录取。1914年，他东渡扶桑，首先是在庆应大学攻读理化专科，后来又改变初衷，转学去了东京明治大学法制经济科。他的学生和朋友听闻他改变专业学科之后甚是不解，据他的学生张秀熟回忆，王右木曾在回国探亲期间回应过这个问题，他说："现在主要的问题是救国。中国如不从政治方面来一次大的改变，自然科学学得再好，也难有益处。"可见王右木的思想已经不再是"科学救国"，留学也并不是为了学习技艺，而是为了拯救当时的中国，这着实令人敬佩。

明治维新后的日本，思想界已经十分活跃，各种译著均有出版，其中日本一些教授介绍过的各派社会主义学说，曾引起王右木的极大兴趣，他经常去京都大学旁听河上肇教授讲解《政治经济学》，受其对马克思主义研究的影响较大。河上肇作为当时日本马克思主义学说研究的最高权威，被视作对于中国早期马克思主义研究影响最大之士。王右木也提及河上肇"曾经讲过《资本论》《唯物史观》《社会主义神髓》等。他理论联系实际，深入浅出地揭露帝国主义和封建军阀的罪恶"。除此之外，王右木还与进步学者山川均夫妇、俄国诗人爱罗先珂交往。在留学期间，他首次接触到了各种社会主义学说，从当时的《新社会》《平民新闻》《近代思想》等刊物中，第一次接触到了社会主义思潮。留日期间，更是加入了李大钊在留学生中发起的神州学会，进一步接受马克思主义理论的熏陶，还先后结识了后来成为中共党组织创始人的李达、李汉俊、施存统（施复亮）等人。

1918年，王右木以日本明治大学经济学士的身份荣归故乡，却与大哥王初龄发生分歧，甚至最终决裂。原来辛亥革命之后，王初龄在江油首倡共和，后来一直任视学、省议员等职位。大哥一心想要王右木去参加省议员竞选，以利"平步青云"。但王右木心中只想着挽救祖国危亡，解放劳苦大众，面对大哥的劝导，他不为所动。1919年，他带着全家人，离开江油去往成都，被已经更名为国立成都高等师范学校的母校聘为学监，兼授经济学和日文。从此，他便以学校为阵地，指导四川新文化运动，宣传革命思想。

从组织马克思读书会到创办《人声》报

1920年暑假，王右木前往上海考察，他特地去会见了陈独秀，仔细研读了《社会问题概观》《新青年》等书刊，完成了从爱国主义、彻底的革命民主主义向共产主义思想的转变，自觉肩负起在四川传播马克思主义的历史使命。

返回学校后的王右木，就开始筹备起了以成都高师为阵地，宣传和学习马克思主义为主要目标的革命运动。也正是在1920年底，王右木在成都高师明远楼组织了马克思读书会，这是四川省第一个学习、研究、宣传、实践马克思主义的组织。根据与王右木相识多年的成都高师毕业生张秀熟回忆："集合好读新书报者，合而一之，木以心得暗中指导，似有头绪。"当时马克思主义在成都已经为少数进步人士所向往，但缺乏系统的理论基础，而王右木"以传教士的精神，几乎逢人便讲"。

根据现今保存下来的该会1922年10月的一份会员名录，读书会的成员其时已多达48名，基本都是在学校读书或者刚毕业离开学校的知识青年。其中不仅有成都高师的学生，也有成都各种新式学校的学生，甚至个别学生主动找到王右木，希望能接受其指导。

读书会的场地一般设置在杜甫草堂、成都市少城公园、青羊宫和成都高师校内等地。王右木作为领头的组织者，亲自订购了《觉悟》《新青年》《东方杂志》等进步刊物，而最重要的学习内容《共产党宣言》则选择了当时国内首个中文全译本——陈望道先生的译本。读书会除了会员自行阅读外，还有专题讲座与分组讨论。王右木亲自主讲《共产党宣言》《阶级争斗》《资本论》等马克思主义经典著作，还指导会员学习《〈政治经济学批判〉序言》《社会主义从空想到科学的发展》等书籍。读书会成立后，并不是人们想象中那样是一群学者激烈的据理力争，而是将理性与自身的生活紧密结合，不论是花市还是茶馆，都能看到他们的身影，马克思主义思想正是这样渗透进了成都人民的世界，与老百姓的日常生活联系在了一起。

1921年1月，王右木作为主编创办了《新四川旬刊》，其主旨是配合当时轰轰烈烈的四川自治运动，从而改进社会，建设新四川。但该刊后来因为多方面因素停刊了。1922年，王右木决定创办《人声》报，任社长和主笔。

《人声》报主旨简明扼要，就是代表人民群众的呼声与诉求。

它在创刊号的《本社宣言》中宣称："本社直接以马克思主义的基本要义，解释社会上一切问题"，以"讨论马克思社会主义之学术的及实际的一切问题"为宗旨，提出"对现实社会的一切罪恶现象，尽力的布露和批评，以促进一般平民的阶级觉悟……"其不仅对当时社会上盛行的主观唯心主义进行批判，还配合全国性的马克思主义者与无政府主义者的论战，对无政府主义思潮进行了猛烈抨击，使得原先受无政府主义影响的知识青年接受了科学社会主义，扩大了马克思主义在四川地区的传播。

是什么让王右木决心创办《人声》报？他看到当时四川的形势暗淡，

当局者不践"自治"之言，因而使"自治运动"破产。社会上流传、蔓延的无政府主义也让他看到了做斗争的必要性。王右木等老一辈马克思主义者，始终没有放弃对无政府主义者做积极的思想转化工作。在创办《人声》报之初，王右木曾邀请《半月》社的主要成员吴先忧等人进行会谈，据吴先忧回忆："当时成都高等师范学校学监王幼（右）木先生办有一《人声周刊》（《人声》报）宣传马克思主义。王先生主动约我们去座谈一个通夜，希望我们共同来宣传马克思主义。但我们以先入为主的成见，又以对马列主义的无认识，反以为要无政府主义才更彻底而未接受，便以各行其是、并道而驰结束了我们那一夜的论辩。"四川地区五四运动中的学生领袖袁诗荛也是王右木的学生，他自从参加了王右木组织的马克思读书会之后，在王右木的直接帮助下，逐渐转向马克思主义。后来他在《人声》报创刊号上发表的《红色的新年》一文中，主张效仿俄国革命，这也标志着他从无政府主义向马克思主义的彻底转变。正是在王右木等人的直接关怀和帮助下，许多人彻底抛弃了无政府主义，坚决转向了马克思主义，为无产阶级事业而奋斗献身。

《人声》报开始发行之后，登载了大量宣传十月革命以及马克思主义的文章，例如王右木《一年来自治运动之回顾与今后的新生命》、袁诗荛《红色的新年》等文。但其却又因为太过旗帜鲜明地赞颂十月革命，被当局认为是"语极离奇"，并被警察厅训令"言论务求中正，不得再涉离奇"，否则将令其停刊。后来《人声》报因为大胆揭露了江油县军阀与县长贪污牟利的丑恶行径，而使驻军刘团长迁怒于王右木的大哥和二哥，借故逮捕了他在家乡的两个哥哥，企图以此逼迫王右木放弃对革命真理的宣传。王右木虽托亲友设法营救，奈何官官相护，难于救助。他的二哥最终被严刑拷打致死，而大哥遭受了残忍的折磨，最后因保释就医才幸免于难。

王右木听闻消息后，异常悲愤，他更是疾恶如仇，将满腔的热血挥洒在《人声》报之中。后来因经费吃紧，《人声》日报改为《人声》周报，他又以最大限度的付出去维持《人声》周报的发行，甚至于当卖家中物品，说服妻子卖掉陪嫁首饰，他每个月工资的极大部分都用于革命活动，而自己家中生活所用则减至极限。在这样的条件下，大学教师家庭生活与当时的普通工人生活水平差不多，他却"在贫困中颇足自乐"。后来《人声》周报停刊，虽然它只存在了一小段时间，但是它鲜明的革命精神已经影响到了广大人民群众。

以王右木为领导人物的马克思主义者凝聚团体，正是通过将读书会与报刊相结合的宣传方式，辐射影响着成都地区的进步青年。可见从读书会的组会学习和进步报刊的宣传，到组建真正有组织、有纪律的革命团体青年团党组织，王右木始终在此过程中发挥着核心作用。

领导教育经费独立运动和创立成都劳工联合会

随着当时军阀割据的形势在四川省内愈演愈烈，教职工的薪酬问题逐渐凸显出来。1918年起，四川就处于"防区制"，省内地方上的教育经费由军阀代征代拨，可想而知，大部分皆被挪用截留了。一方面是军阀剥削与压迫的结果，一方面是各个防区之间战争的投入与消耗，使得教职工的薪水越来越少，学生们的补贴经费更是没有着落。王右木首先是在学校召开了社会主义青年团会议，通过激烈的会议讨论，得出必须要为教育经费的独立而发起运动。在学生与教职工代表的会议上，王右木被推选为领导四川教育经费独立运动的总指挥，他将作为教职员代表，带领学生到省议会去抗议和请愿。

1922年6月5日，学生与教职员联合会决定在成都进行大规模的罢课，以实现教育经费独立的诉求。10日，各校学生与教职员开始了大规模的群众运动，游街与罢课同时进行，以响应社会主义青年团发表的宣言——"一致的起来奋斗"。

当时省议会的议长熊晓岩，则将这群众的呼声视作挑衅，不仅拒不参加会议，还在暗地里指示流氓暴徒冲进代表团中，大打出手，棍棒与飞石皆打向学生，根据《晨报》记录："这次搏斗中有三名学生被打死，四十余人受重伤。"这样一件恶劣事件立即点燃了双方之间矛盾的导火索，可谓是军阀与四川教育界的第一次大较量，而恶徒始终把矛头指向王右木先生，熊晓岩公开致函成都司令部，要求"将王右木和学生代表刘度等十三人逮捕，依法追究"。而此刻处于风口浪尖的王右木丝毫没有气馁，反而继续积极动员、鼓励各位代表们"再接再厉，坚持不懈"。

长达四五个月的教育经费独立运动，最终以当局迫于形势，通过师生代表提出的议案宣告结束。省议会做出让步，通过拨肉税为教育经费独立专支的提案，释放了运动中被拘留的学生，而成功地领导了这一项运动的王右木，却被无理地解除了在学校的职务。即使这样，他一刻也没有停止为马克思主义运动而奉献的步伐，7月，他就前往上海与中共中央和团中央取得了联系。

1922年冬天，王右木按照团中央"深入开展工人运动"的指示，切实考察了成都地区工人的状况。他带领团组织成员，换上工装，深入工厂与茶馆，与工人们做朋友，向他们耐心讲解马克思主义思想内涵与工人的生活息息相关。同时，王右木还在成都高等师范学堂、省立师范学校以及四川法政学校开办了三所工人夜校，将其作为向工人传授文化、讲解进步思想的阵地。此外，青年团的团员还在茶馆和工人宿舍办起了"临时工人夜校"。在与工人们沟通的过程中，王右木结识了孟本斋、梁国龄等一批骨干，由此建立了成都第一个工人组织——长机工会。

1923年春，"二七"惨案的噩耗传来，王右木再一次肩负起领导责任，发起了成都地区的全市性政治大罢工，以此声援京汉铁路工人的斗争。在成都街头，声援京汉铁路工人大会上，青年团代表和工人们以满腔热血声讨了北洋军阀吴佩孚的恶劣行径，展示了成都工人阶级的革命精神。5月1日，在纪念五一劳动节之际，王右木和青年团执行委员会组织召开了成都劳工联合会成立大会，由"长机帮""生绉帮""牛股帮"和"刺绣帮"等工人组成的成都劳工联合会，就这样成立了。这是四川第一个在以王右木等人为代表的成都青年团组织直接领导下成立的工会组织,《川报》评价其为"成都破天荒之工人盛举",是为工人谋利益的"真正的工人的工会"。一时间,街上贴满了王右木等人的作品:《唉!劳工不得不做"五一"运动啊!》及《诅咒劳工做"五一"运动的人请看这好罢》。文中以响亮的声音号召工人奋起与军阀和资本家作斗争。

从建立社会主义青年团到建立党组织

1922年4月,读书会的骨干成员童庸生、恽代英等人根据《中国社会主义青年团临时章程》成立了四川的团组织,即四川社会主义青年团(SY)。这些进步青年将王右木视作良师益友,也希望团组织能得到王右木先生的指导。

于是,王右木7月离开成都去泸州会晤恽代英,随后亲赴上海与团中央取得联系,在上海,他会见了团中央负责人张太雷等人,商讨在四川建团的工作。为革命需要,王右木多次往返于四川与上海党团组织之间,每次的旅费都要他自己想办法缩衣减食来筹集。其中最为艰难的一次,是1922年7月他前往上海的旅途,之前因为领导教育经费独立运动被学校解聘,失去收入来源的他东拼西凑才勉强筹集够旅费。又因为患有严重的脚气,王右木在炎热难耐的暑季一路艰辛来到上海时,双脚已肿烂还发了高烧。但他仍旧不停下脚步,一到上海就奔走工作。

最终他回到成都,带回了团组织第一次全国代表大会章程及各种决议信息,并即日就开始积极筹备四川建团工作,物色和考察入团对象。他亲自从几十名马克思读书会会员中挑选符合标准的童庸生、傅双无、吕式宪、钟善辅等12人介绍入团,并于10月15日在他家召开中国社会主义青年团成立会议,正式成立了中国社会主义青年团成都地方执行委员会。

王右木从上海回四川沿途经过重庆时,找到与之共事的重庆新文化运动斗士刘砚僧,并委托他建团。在王右木的帮助下,重庆建立了社会主义青年团的书记部,刘砚僧任书记。与此同时,他致函南充的马克思主义坚定信仰者张秀熟，委托组织川北社会主义青年团。1923年6月，成都执委会再度改选，王右木出任书记。到次年初，成都青年团地方委员会建立了11处支部，为党组织的建立奠定了组织基础。

关于王右木是否参加了1922年7月的中共二大，党史理论界说法不一，有人认为王右木就是当时会议记载中"姓名不详的代表"，即12位全国代表之一；也有人认为王右木在中共二大召开之际还并不是正式的中共党员，因此不可能成为中共二大代表。不管当时情况如何，1922年7月，王右木确实在上海，为四川社会主义青年团的成立而奔走，向中共中央请求指示。

1923年5月，他写信给中共中央，提出在四川等建党组织的请愿。一个月之后，中共中央在广州召开了第三次全国代表大会，通过了同国民党建立革命统一战线的方针。8月，成都团地委书记王右木前往上海，向中央汇报工作，中共中央批准了王右木的请求，委派王右木在四川建党并任书记，王右木接受了回川建党任务。回到成都后，他首先在团组织里传达了中共中央在成都建立党组织的决定，并且在团组织内部宣传中共三大决议关于国共合作的必要性，甚至以身作则，带头以个人身份加入国民党，担任国民党四川总支部宣传科副科长。

1923年10月，经党中央正式审批，王右木在团员中吸收了刘亚雄、钟善辅、梁国龄等少数优秀分子转党，秘密组成了四川历史上第一个党组织——中国共产党成都支部，当时称为中国共产党成都独立小组，直属中央领导，王右木任书记。成都在建立党组织过程中，持续得到党中央的关注。1923年11月24日，中国共产党召开三届一次中央执行委员会议，在会议检查全国建党的进展情况时说："四川、江西、福建均可望有新的发展。"1924年5月14日，中国共产党又召开三届三次中央执行委员会议，中央在会议的报告中正式宣布中国共产党"成都独立小组"已成立。

英年早逝，斗志永存

为了群众运动的顺利进行，为了青年团组织和党组织在四川的稳定和发展，王右木马不停蹄地奔走在宣传马克思主义的第一线。在那个年代，作为一名高校教师，王右木的收入也算可观，在社会上也受人尊敬，按理说生活是非常舒适的。然而，每当宣传工作碰到经费不足的问题，王右木总是慷慨地贡献出自己绝大部分的收入。据王右木的同事梁华描述：为了苦心支撑《人声》报的经营，王右木把他留学日本的宝贵纪念品牙骨手杖、自鸣钟都送去卖掉，连杯盘碗盏都卖了。即便艰苦如此，王右木和他的家人仍能怡然自得地生活。

不仅如此，王右木在面对高官厚禄的诱惑的时候也完全不为所动。1924年初，四川军阀杨森在吴佩孚的有力支持下，先后占领了重庆和成都。此后，杨森提出了"建设新四川"的响亮口号，表面上看是推行新政，促进社会进步和解放，但其实从未摆脱旧军阀的陈旧思想。受命宣传"新政"的秘书秦正树，与王右木有友好的来往，他希望能跟王右木一同开办报纸。在王右木看来，利用反动派的宣传工具为革命事业添柴加火，可能会有益处，毕竟在军阀统治的地区，自己创办报纸不是一件容易事，《人声》报的前例就说明了问题。经过探讨，他们最终决定一同创办《甲子日刊》，甲子正是当年的年号，王右木作为报刊的总编辑，秦正树则任职社长，而报刊发行后，主要方向则是抨击杨森的"新政"，甚至宣传马克思主义思想。显然，这样的报纸不符合当局的要求，最终被杨森责令停刊了。

杨森深知王右木在人才群体之中的影响力，他企图用钱财和职务来引诱王右木，却没想到正人君子不会为钱财折腰。杨森曾派遣几位副官，抬着一箱银圆前往王右木家中，花言巧语地奉上杨森军部顾问的委任状。王右木内心立刻明白，这是杨森企图收买他的伎俩，倘若接受，是违背自己内心的选择；倘若立刻拒绝，又会激怒口蜜腹剑的卑鄙军阀。他只能先不动声色地应付，再赶紧做其他的打算。他假装留下委任状，让副官将银圆带走，同时立即开始做去上海的准备。

他没有犹豫，随即召开团员大会，改选成都地方团执行委员会书记为张霁帆，并且对团工作进行了分配和交代。在某天夜里，他毅然告别熟悉的蓉城，踏上旅程。

他先是经泸州行至上海，不久后又去往广州参加党组织的会议。会后的王右木，为了节约路费，同时也想沿途实地考察，计划经过广西和贵州回四川。中秋的前夕，王右木在贵州赤水县土城写信给家乡，信中说到快要回到成都了。可就在同志们与其家人激动又高兴的时刻，王右木却再无音讯。王右木在贵州下落不明，很可能是他逢人便宣传革命的性格，最终招致坏人的迫害。有一说法是，王右木是被当地与杨森沆瀣一气的贵州军阀周西成秘密杀害了，时年37岁。

新中国成立后，中共中央追认王右木为革命烈士，向其家属颁发"光荣纪念证"。作为四川地区最早的马克思主义者之一，他用炽如烈火的革命精神，点燃了四川地区革命运动的灯塔，西南地区的无产阶级事业因此得以蓬勃发展。王右木的一生是相对短暂的，但是他却永远地活在播撒希望的讲台上，活在群众运动的队伍前列，活在同志们和人民的心中。

杨闇公对马克思主义在西南地区早期传播的探索与贡献

西南地区马克思主义的传播是中国社会历史进程发展到特定阶段的客观表现。民主革命的高涨，社会思潮的激荡，社会组织的涌现，新式教育的兴起为马克思主义传播提供了可资凭借的条件。杨闇公承接早期共产主义者传播马克思主义的努力，在不断的自我扬弃中完成向马克思主义者的转变，并结合西南地区实际，依托进步刊物、社会团体、劳动补习所和高等院校，传播思想，唤醒民众。他对《资本论》、唯物史观、社会主义观的理解和传播，组建中国青年共产党等革命团体的努力，开启了马克思主义中国化的历史进程，为推动西南地区党团组织的建立，群众运动的高涨、马克思主义群体的形成奠定了理论和实践基础。

杨闇公沐浴着马克思列宁主义在中国传播的春风，历经五四运动等革命活动的洗礼，逐步完成从激进的民主主义者向共产主义者的过渡，成为西南地区早期的马克思主义者，中国共产党早期的政治活动家。他曾指出："欲指导群众，究竟从哪条道路走的好？刻已认定马氏（马克思、马克思主义）为主。"[①] 其与吴玉章等人创办了以传播马克思主义、反对帝国主义和封建军阀统治、争取实现社会主义为目标的革命团体——中国青年共产党。他注重青年团体的教育和知识分子选拔，同各种反马克思主义及非马克思主义现象做斗争，在领导革命斗争中注重结合西南地区实际，推动了马克思主义中国化的初步探索。

---

① 杨绍中等：《杨闇公日记》，四川人民出版社，1979年，第78页。

思想拓荒 川大人与马克思主义在西南地区的早期传播

杨闇公传播马克思主义的条件

西南地区位于祖国边陲，相对闭塞的地理环境曾不利于马克思主义的传播。五四运动之后，以杨闇公为代表的西南地区有志之士，在剧烈的民族动荡中，逐步确立了改变家乡贫穷面貌、推翻帝国主义和封建军阀统治、谋求全国人民解放的信念，逐步从激进的民主主义者转变为共产主义者，为传播马克思主义进行了艰辛探索。伴随着新式教育和报刊的初创及新兴团体的涌现，马克思主义在西南地区的传播条件逐渐形成。

（一）民主革命运动的高涨和社会思潮在西南地区的传播

民主革命运动的高涨和社会思潮在西南地区的传播，为马克思主义的早期传播奠定了较好的社会基础和思想基础。西南虽地处祖国边陲，但在近代资产阶级民主革命运动中从未缺席。1915年12月，蔡锷组织护国军讨伐袁世凯。1916年，杨闇公策动官兵起义，沉重打击了袁世凯复辟帝制的活动。1919年5月4日，以北京进步青年学生为先导，各地掀起了伟大的五四爱国运动，西南地区的青年学生积极响应。在四川，1919年5月25日，参加成都学界外交后援会的青年学生纷纷表示"头可断、身可碎，万不能以我中华之国土国权断送与日本"①。重庆市也爆发了声势浩大的反帝爱国运动，重庆各界表示"誓死力争"，"联络一致以期达到目的而后已"②。云南青年学生及工农群众也罢工罢课，举行了抵制日货的游行示威。同时，社会中充盈着无政府主义、改良主义、新村主义、空想社会主

---

① 《成都之爱国集会》，《民国日报》，1919年6月30日。
② 《重庆国民外交后援会通电》，《民国日报》，1919年6月23日。

义、马克思主义等思潮,以王右木、恽代英、杨闇公、吴玉章为代表的西南先进知识分子,在革命实践中逐步接触和选择了马克思主义学说。恽代英指出:"旧社会的罪恶,全是不良的经济制度所构成。舍改造经济制度,无由改造社会"①,"赤俄革命的成功,这亦是普遍眼著的事实"②。民主革命运动的兴起及对新思想的接受,为马克思主义在西南地区的传播提供了机遇、开辟了道路。

(二) 新兴社会组织在西南地区的涌现

受十月革命影响,1919年秋,程子健等十三名成都进步学生组成"劳人团",积极响应五四运动。③ 1920年夏,成都高师、第一师范学校的一大批进步青年,在王右木的领导下,组成了马克思读书会,翻译马克思著作,学习和了解马克思主义经典文献。1921年上半年,以恽代英、王右木为代表的青年活动家,以马克思读书会中的进步青年为骨干,初步建立了成都社会主义青年团,这是一个初具雏形、力求以马克思主义为指导思想的青年革命组织。自1924年9月起,共青团重庆地委陆续建立四川平民学社、学行励进社、劳工互助社等革命团体。④ 这一时期,杨闇公、吴玉章等人也组建中国青年共产党,广泛吸收优秀青年学生,以《赤心评论》刊物为载体翻译和传播马克思主义著作。成都市学生联合会主编的《学生潮》,"代表了整个成都市数千学生的言论行动,成为反帝反封建的急先锋"⑤。云南学联的《学生爱国会周刊》成为爱国青年开展新文化运动的重

---

① 恽代英:《恽代英文集》,人民出版社,1984年,第326页。
② 恽代英:《恽代英文集》,人民出版社,1984年,第331页。
③ 王友平:《巴蜀赤子 革命健将——记四川早期党的领导人程子健》,《红岩春秋》,2012年Z1期。
④ 郑洪泉:《杨闇公与第一次大革命在四川的兴起》,《重庆师院学报(哲学社会科学版)》,1993年第1期。
⑤ 中国社会科学院近代史研究所编:《五四运动回忆录(续)》,中国社会科学出版社,1979年,第434页。

要阵地。此外，一批社会科学类、政治学类、俄罗斯研究会等组织兴起，可谓"结社之风"盛行。新型社会组织的兴起解除了人们禁锢的思想，形成大批知识青年了解马克思主义、传播马克思主义的风气。

（三）新式教育在西南地区的兴起与发展

鸦片战争后，资本帝国主义的侵入和封建剥削的加重，使西南地区的民族矛盾和阶级矛盾日益加剧，群众的反抗斗争不断发生。辛亥革命后，西南诸省宣告脱离清政府的统治，积极参与了讨袁运动、护国战争、护法运动，但广大人民的政治生活状况未曾得到改善，军阀割据、民不聊生。在痛苦的反思中，先进的知识分子逐步意识到"从前的一套革命老办法非改变不可，我们要从头做起"①。逐步废除封建的科举考试，创建新式教育，创办近代报刊，帮助大批青年外出留学，寻求救国救民的科学真理。例如："1902 到 1910 年，贵州兴办学堂 600 多所，到 1915 年，拥有新式小学 1562 所。"②新式教育培养了大批留学海外的爱国青年，为马克思主义在西南地区传播塑造了传播主体。1917 年，杨闇公到日本留学，他积极参加组织"留日同学读书会"的活动，开始阅读《资本论》等马克思主义著作。1919 年至 1920 年，四川赴法留学的青年学生人数占据全国人数的三分之一。大规模青年学生留学国外，使他们的视野逐步开阔，他们接受了国外的新思潮和新理论，由此成为西南地区接触和学习马克思主义的新群体，他们中的不少人成为日后在西南地区传播马克思主义的主力。

---

① 吴玉章：《吴玉章回忆录》，中国青年出版社，1978 年，第 110 页。
② 贵州省地方志编纂委员会：《贵州省志·教育志》，贵州人民出版社，1990 年，第 706 页。

杨闇公传播马克思主义的依托媒介

在俄国十月革命的影响下，马克思主义作为一种新的"思想武器"，引起中国先进知识分子的广泛关注，使正在苦苦探索革命前途的进步青年看到了希望。马克思主义在西南地区的传播，主要是以杨闇公等人为代表的马克思主义者，通过创办报纸杂志、组织社会团体、建立劳动补习所、依托学校进行宣传等方式实现的。

进步刊物、社会团体和学校是马克思主义在西南地区早期传播的主要渠道。杨闇公在日本留学期间，阅读了大量马克思主义经典著作，坚定了对马克思主义的信仰。1920年回川后，他一面进行马克思列宁主义的启蒙宣传，一面进行革命的领导组织工作。1921年冬，杨闇公参加了成都留日学友读书会，想通过此组织联络革命同志，传播进步思想。1922年，他又参加了王右木领导的成都社会主义青年团[1]。这期间，杨闇公深刻认识到，资产阶级领导的民主革命已经失败，资产阶级共和国的道路在中国根本行不通，必须筹备共产主义革命团体，以领导和宣传马克思主义思想为己任。1924年1月12日，以"中国青年共产党"（简称YC）命名的组织在成都杨闇公寓所成立，YC是按照"横的方面少数服从多数，纵的方面下级服从上级"[2]的民主集中原则组织起来的。指导思想上，"采取马克思的

---

[1] 1920年夏，成都高等师范学校、甲种工业学校和第一师范学校的一些进步学生，在成都高师学监王右木的领导下，组成了"马克思读书会"，学习马克思主义经典著作。1921年上半年，王右木争取到了著名青年运动活动家恽代英的指导，以"马克思读书会"中的进步青年为基础，初步建立了"成都社会主义青年团"。这是一个力求以马克思主义为指导思想的青年革命组织。

[2] YC章程第四章第二十条，载《赤心评论》第二期（1924年6月1日）。

革命方式，实行社会革命"，坚持马克思主义建党原则；性质和宗旨上，"代表无产阶级运动的全体利益""代表无产阶级指示全体利害，增进劳动者利益，团结劳动者为革命军"；历史使命是实现无产阶级专政，坚持马克思主义，反对改良派、修正派、投机派等社会思潮，强调"联合无产阶级成为一个阶级，颠覆有产者的利益，实现无产阶级掌握政权"①。1924年5月，杨闇公积极参与筹办《赤心评论》，其宗旨"是在助革命派的同志，与反革命党作战，以求全世界的赤心集合拢来，造成一个赤心的世界"②。1924年4月13日，为进一步培养革命骨干，扩大马克思主义在西南地区的传播，杨闇公、吴玉章、杨衡石等发起筹建了社会主义研究会，当得知有五名工厂职工参加时，杨闇公日记记载："足见被压迫而待救于人的，也因自身的关系出而奋斗了。此后善于指挥，会内必能物色些人才来。"③吴玉章在成立大会上也作了题为《马克思派社会势力》的演讲，认为社会主义是普遍于全世界的最伟大、最新颖的潮流，与会人员一致赞同。1922年，恽代英在川南师范学校组建了马克思学说研究会传播革命理论。④ 另外，报纸在马克思主义早期传播中发挥了重要作用。例如，1919年，《国民公报》连续刊载文章介绍马克思的生平及马克思主义的基本理论。1921年创办的《新蜀报》，为重庆"输入新文化、交流新知识、传播新思想"发挥了重要作用。《新四川旬刊》由王右木等人创办，刊物发表了介绍马克思主义核心观点和苏联革命经验的文章。先进的知识分子通过不同渠道研究和传播马克思主义，强烈震撼了西南地区青年骨干的心灵，大大推动了马克思主义在西南地区的进一步传播。

建立劳动补习所、整顿教育、唤醒民众是马克思主义在西南地区早期

---

① 周勇：《杨闇公简论——纪念杨闇公同志牺牲65周年》，《社会科学研究》，1992年第6期，第48页。
② 徐光煦：《中国YC团的红色探索之路》，《红岩春秋》，2016年第2期。
③ 杨绍中等：《杨闇公日记》，四川人民出版社，1979年，第81页。
④ 徐杨：《试论马克思主义在西南的早期传播》，《中共福建省委党校学报》，2013年第8期。

传播的重要渠道。西南地区深受帝国主义、封建主义和官僚资本主义三座大山的压迫，民众生活穷困潦倒、苦不堪言。杨闇公、吴玉章、王右木等社会主义青年团成员，到工厂、农村和学校中开展工人运动、农民运动和学生运动，了解工农群众的生活状态和薪资待遇。杨闇公告诉工人们，工人的命运不是由老天决定的，只要大家团结起来，完全是可以改变的。他以身作则，经常与工人阶级交朋友，帮助他们创建维护自身权益的工会组织，提高工人的政治觉悟和文化水平，建立劳动补习所，向他们宣传马克思主义的基本理论和国内反帝反封建斗争的知识。杨闇公特别重视群众的力量，他认为农民有较高的革命性和斗争性，因为"大多数农民生活之痛苦已不待言，农民脑筋中所含的革命成份几占其全部"[①]。国共合作期间，他负责国民党四川省党部农民部工作。"在不到一年的时间内，建立和筹建四个县农民协会，四十多个区农民协会，一百五六十个乡农民协会。"[②]在领导农民运动的过程中，杨闇公积极宣传马克思主义，揭露军阀统治的罪恶，积极培养农民骨干，建立起自己的武装，利用闲暇时间开办农民夜校和组织农会，在革命斗争中传播马克思主义。杨闇公也积极倡导和创办成人教育，促使青年骨干和工农大众在思想观念、行为方式、革命信仰等方面发生不同程度的改观，增强了政治参与的意识和能力。杨闇公、萧楚女等创办的四川平民书社，其主要任务是研究一切改造社会的运动。他还组织了读书会和马克思主义研究小组，开展了"安那其主义和马克思主义的比较、马克思学说能否救中国"等讨论。[③] 此外，他还创办了如中法学校、工人夜校等成人教育组织，积极宣传马克思主义理论，培养了大批革命骨干，有力地支援了西南地区的反帝反封建的革命运动，为马克思主义的早期传播打下了基础。

---

① 杨绍中等：《杨闇公日记》，四川人民出版社，1979年，第302页。
② 郑洪泉：《杨闇公与第一次大革命在四川的兴起》，《重庆师院学报（哲学社会科学版）》，1993年第1期。
③ 扶小兰：《杨闇公与重庆的成人教育》，《中国成人教育》，2009年第14期。

杨闇公传播马克思主义的主要内容

经过对欧洲、日本、苏俄等不同国家的筛选、翻译和重构,先进的知识分子逐步把马克思主义引入国内。杨闇公在日本留学期间开始阅读《资本论》等著作。五四运动后,随着马克思主义在中国的快速传播,杨闇公完成由激进的民主主义者向坚定的社会主义者的转变,为传播马克思主义的精髓和要义作出贡献。

(一)杨闇公对《资本论》的理解和传播

《资本论》是无产阶级革命导师马克思和恩格斯毕生心血的结晶,深刻揭示了资本主义经济制度的弊端,运用辩证唯物论的立场、观点和方法,得出科学社会主义必然胜利的结论。考察马克思主义在西南地区的早期传播,首先需要考察《资本论》在西南地区传播的情况。

杨闇公是在日本求学期间接触和研究马克思主义的,并攻读了《资本论》等经典著作。回国后,他努力进行马克思主义的宣传活动,积极投身反帝反封建的民主革命斗争中,成为四川地方委员会的主要负责人。他领导的革命实践活动是以《资本论》为指南的,并为《资本论》在西南地区的传播作出重要贡献。1924年8月2日,他在日记中写道:"无怪李卜克内西说,C党的宣言①是纲领,《资本论》是教科书啊!"②他认真研读马克思主义经典著作后,深刻认识到阶级斗争是促进旧社会变迁的动力,剩余价值是揭露资本主义剥削秘密所在的,共产主义是指引未来奋斗目标的。

---

① 即《共产党宣言》——编者注。
② 杨绍中等:《杨闇公日记》,四川人民出版社,1979年,第142页。

杨闇公对研究经济问题和剥削制度也有自己的见解。1925年2月6日，他在日记中写道："世界上无论那一国的历史，它的变动，完全是经济基础生了动摇起的。人的意志是不能决定人的生活的，社会的生活才能决定人的意志的！"①

《资本论》是社会主义经济学的经典著作，五四运动后中国人民的普遍觉醒，是受马克思主义经济学说深刻影响的。杨闇公对《资本论》的传播是准确的、积极的。1925年2月2日，他在日记中写道：平社新年的聚乐会讨论了一个问题——马克思主义学说能否救济中国？吴鸿迅②承着我的意旨，依着告诉他的方法，循序的说去，很能使一般人动容。不过他把马氏学说的次序说错了，先说剩余价值，次及唯物史观，是他没有研究所致，记错了……次由我与之加以补充的说明，再引伸马氏的原理，说明一切。③可见，杨闇公致力研究和传播马克思主义，就把理解和运用《资本论》摆在突出的地位。

（二）杨闇公对唯物史观的理解和传播

唯物史观是马克思主义的理论基石，是马克思一生中最伟大的贡献之一。中国早期唯物史观的"传播者一为早期共产主义者，二为国民党人士"④。杨闇公作为西南地区早期的马克思主义者之一，已深刻认识到唯物史观在马克思主义理论体系中的重要地位。1924年7月30日，他的日记记载："马氏学说最显著的是能说明劳资根本冲突的原因和阶级斗争的必然。社会的变化不外自然的要素和经济的要素两种。"⑤ 其第二天的日记记载："生产关系的总和做社会底经济的构造，所以造就政治的和法律的上

---

① 杨绍中等：《杨闇公日记》，四川人民出版社，1979年，第246页。
② 吴鸿迅，团员，川东师范学生——编者注。
③ 杨绍中等：《杨闇公日记》，四川人民出版社，1979年，第246页。
④ 冯天瑜：《唯物史观在中国的早期传播及其遭遇》，《中国社会科学》，2008年第1期。
⑤ 杨绍中等：《杨闇公日记》，四川人民出版社，1979年，第140页。

部构造的真实基础，又是使发生相应于这基础的某种社会的自觉。这物质的生活资料底生产方法，决定社会的……一般的生活上底过程。"① "世界上无论哪一国的历史，它的变动，完全是经济基础生了动摇起的。"② "唯物史观是观察过去的历史的，剩余价值是批评现在的社会，共产主义是指示将来应行的制度，阶级斗争是促进现在和过去社会的变迁。"③

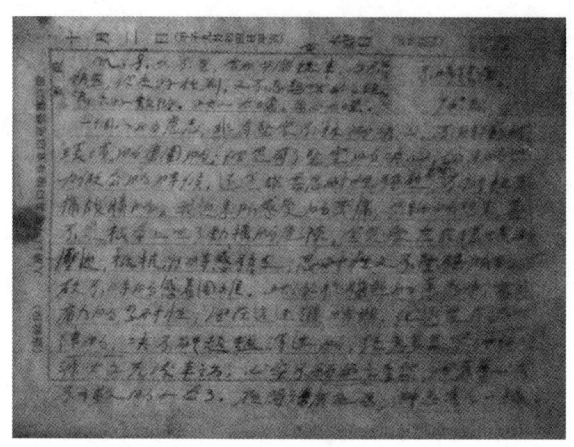

杨闇公日记④

可见，杨闇公在研读马克思主义经典著作后，已正式接受马克思主义的信仰。他不仅研究宣传马克思主义理论，而且还积极投身于革命斗争之中，把对唯物史观的传播和阐释应用于实践当中。这一时期，他重点阐释了唯物史观关于阶级斗争和无产阶级专政的理论、社会革命的理论等内容。

他在领导波澜壮阔的群众运动中强烈认识到，"要向民间去才有办法，要以民众为后援，尤其是无产阶级——不然就谈不上革命来"⑤。杨闇公主动

---

① 杨绍中等：《杨闇公日记》，四川人民出版社，1979年，第140页。
② 杨绍中等：《杨闇公日记》，四川人民出版社，1979年，第246页。
③ 邢家强：《杨闇公的社会主义观》，《中共四川省委省级机关党校学报》，1997年第3期，第70页。
④ 党跃武，陈光复：《川大记忆：校史文献选辑·第四辑》，四川大学出版社，2011年，第66页。
⑤ 杨绍中等：《杨闇公日记》，四川人民出版社，1979年，第203页。

接近工农群众，向他们讲解马克思主义，把他们组织起来。同时他指出：
"现在我们所要造成的人才，是革命的，即是要共产社会的，对于人的选择和训练也只能照着这样去作。"① 1924年5月1日，在成都召开的纪念列宁大会上，杨闇公发表了著名演讲《国际资本帝国主义对于中国的侵略》，号召人民："向国际资本帝国主义进攻！"② 杨闇公把马克思主义阶级斗争、无产阶级专政理论运用于实践，也结合中国生产力落后的现实，认为生产力是社会历史发展的根本动力，明确阐述了社会历史发展的曲折性和阶段性。

（三）杨闇公对社会主义观的理解和传播

与早期其他共产主义者类似，杨闇公同样经历了由旧民主主义者向马克思主义者的转变。其在革命实践中逐步抛弃空想社会主义、资产阶级民主主义、无政府主义的观念，确立了科学的社会主义观。早在1922年，他就"认定以马氏为主"的革命道路，"自命为马氏的信徒"。③ 1924年1月8日，他在日记中写道："社会主义是为使一般人各得其所，都有发展天才的机会，不致受经济的压迫，得真正的自由。"④ 社会主义就是要"使彼第四阶级者得一反其生活与地位，完成解决群众生活的大使命"⑤。杨闇公的社会主义观蕴含了革命分两步走的思想，"外而打倒国际资本帝国主义的侵略，内而铲除封建的割据，实现平民政治，使无产阶级得掌握政权"。⑥ 中国革命最终要走社会主义和共产主义的第二步。⑦ 这些正确的思想明确了革命对象、革命目标，也为国共第一次合作提供了基石。

---

① 杨绍中等：《杨闇公日记》，四川人民出版社，1979年，第246页。
② 肖伟：《纪念杨闇公同志牺牲65周年学术讨论会综述》，《社会科学研究》，1992年第6期，第23页。
③ 邢家强：《杨闇公的社会主义观》，《中共四川省委省级机关党校学报》，1997年第3期，第71页。
④ 杨绍中等：《杨闇公日记》，四川人民出版社，1979年，第30页。
⑤ 《杨闇公文集》，重庆人民出版社，1997年，第32页。
⑥ 杨绍中等：《杨闇公日记》，四川人民出版社，1979年，第220页。
⑦ 《杨闇公文集》，重庆人民出版社，1997年，第181页。

杨闇公在领导革命实践过程中，认识到实现社会主义必须要预备与军阀作斗争的人才和工具，必须建立坚强的领导核心。恩格斯指出："要使无产阶级在决定关头强大到足以取得胜利，必须组成一个不同于其他所有政党并与它们对立的特殊政党。"① 以杨闇公、吴玉章为代表的西南早期马克思主义者，1924年1月，在成都建立了中国青年共产党，用以研究和宣传马克思主义、共产主义。"两年后，他与吴玉章在重庆建立中共四川地方党组织。"② 四川有了共产党，"锦城五一树红旗，革命风云壮华西"③。

杨闇公在中共重庆地方委员成立会上④

杨闇公认为，实现社会主义、共产主义的关键是不应教条式地研究和宣传马克思主义，而应把它作为行动的指南。他一生都特别注重"躬行实践"，坚信要以民众为后援，尤其是无产阶级⑤，"要从民众的团结上着手，

---

① 中共中央马克思恩格斯列宁斯大林著作编译局：《马克思恩格斯选集·第四卷》，人民出版社，1995年，第685页。
② 邢家强：《杨闇公的社会主义观》，《新时代论坛》，1997年第3期。
③ 邢家强：《杨闇公的社会主义观》，《中共四川省委省级机关党校学报》，1997年第3期，第80页。
④ 党跃武、陈光复：《川大记忆：校史文献选辑·第四辑》，四川大学出版社，2011年，第64页。
⑤ 杨绍中等：《杨闇公日记》，四川人民出版社，1979年，第202页。

中国人民才能解放"①。杨闇公用自己短暂的一生诠释了要把马克思主义作为拯救国家命运的工具，要把马克思主义的科学原理与本国实际相结合发展中国化的马克思主义，要坚定地依靠工农群众，发挥党的建设和统一战线两个关键武器。正如邓小平所述："像我们前辈那样，像我们的先烈那样，永远当一个革命者，永远当一个为人民大众的集体事业服务的社会主义者，永远当一个共产主义者。"②杨闇公无愧于这样的称号，他对社会主义观的理解和阐释，为建设中国特色社会主义提供了有益启示。

杨闇公传播马克思主义的历史价值

作为四川地区早期党组织的杰出领导者、中国共产主义运动的革命先驱，杨闇公以其舍生取义的无私奉献精神和英勇革命气概，积极投身到四川地区革命运动中，影响了一代又一代革命青年。杨闇公早期对马克思主义的传播推动了党团组织的建立与发展，激发了四川地区群众参与革命运动的热情，推动了革命斗争的进步，促进了信仰马克思主义群体的形成。

（一）推动了马克思主义的早期传播和四川地区党团组织的建立

随着中国共产党的成立，各地区革命者进一步认识到广泛传播马克思主义、建立无产阶级政党领导人民革命的重要性。正如马克思所指出的，

---

① 吴玉章遗作，李新整理：《忆杨闇公同志》，《历史研究》，1978年第10期，第44页。
② 中共中央文献研究室编：《邓小平文集：一九四九——一九七四年·下卷》，人民出版社，2014年，第153页。

"理论在一个国家实现的程度,总是决定于理论满足这个国家的需要的程度。"① 杨闇公作为西南地区马克思主义的早期传播者,始终将信仰马克思主义、学习马克思主义、宣传马克思主义、实践马克思主义作为毕生追求,致力于党团组织的建立和发展。在他看来,"我们目前须要努力的是在宣传和组织两样(工作)上,尤其要使敌我的界限分明,要向左转走,要向民间去才有办法。"② 在日本留学期间,受俄国十月革命的影响,杨闇公"出生入死者四次"③,通过参加留日同学读书会、研读《资本论》等马克思主义著作,初步认识到社会主义和马克思主义的基本原理,深刻领悟到中国建立马克思主义政党以领导无产阶级开展革命的历史必然性,从而树立了走马克思主义为指导的道路的决心;回国后,他感到"返川许久都没有作团体和宣传的事——川中学生有具体研究的很少……但近年来鉴于各方情势,又非出而奋斗不可,兼又得庸生等为助,更应从事奋进"④。这催生了其传播马克思主义理论、探索中国马克思主义道路的实践,并展开了宣传马克思主义、组建党组织的活动。

杨闇公等人在学习俄国布尔什维克党的基础上正式创建了中国青年共产党,讨论并通过了党的纲领、章程和议案,推动了四川地区社会主义运动的组织化运转。在杨闇公等人的领导下,青年共产党积极开展马克思列宁主义的宣传教育和反帝反封建的革命动员工作,如出版揭露封建军阀祸国殃民罪行、宣传革命道理的油印刊物《微波》,创办十六开铅印《赤心评论》等刊物。这些工作激发了西南地区将马克思主义作为救国思想、人生理想和革命信念的青年群体针砭时弊的活力,有力地打击了帝国主义和封建军阀在中国的丑恶势力,积极推动了马克思主义与工人运动的结合。

---

① 中共中央马克思恩格斯列宁斯大林著作编译局:《马克思恩格斯选集·第一卷》,人民出版社,2012年,第11页。

② 中国人民政治协商会议、四川省重庆市委员会文史资料研究委员会编:《重庆文史资料丛刊·重庆"三·三一"惨案纪事》,西南师范大学出版社,1988年,第241页。

③ 《杨闇公文集》,重庆人民出版社,1997年,第118页。

④ 杨绍中等:《杨闇公日记》,四川人民出版社,1979年,第28页。

在杨闇公等人多次致信共青团中央，要求成立四川省党的机构的情况下，由杨闇公任书记的中共重庆地委宣告成立，四川境内的党组织均受其领导，极大地加速了四川地区的革命进程。

（二）推动了四川地区群众运动的高涨，为党开展革命斗争积累丰富经验

北伐战争期间，四川地区马克思主义的传播始终与群众运动密切结合在一起，正如马克思指出的，"批判的武器当然不能代替武器的批判，物质力量只能用物质力量来摧毁；但是理论一经掌握群众，也会变成物质力量"①，理论是指导实践的前提。杨闇公在日本留学期间学习马克思主义并在回国后不断深化对马克思主义的认识，将马克思主义理论与工人运动相结合，在工人中大力开展调查研究和传播马克思主义的工作，推动了群众运动的发展。同时，随着工人阶级规模的壮大，工人阶级的意识不断觉醒，其对自身政治地位和历史使命的认识逐步清晰。在杨闇公看来，革命运动"就是要以民众为后援，要从民众的团结上着手"②。整个过程中，杨闇公领导、组织、参与纪念五卅惨案一周年，声援"万县九五惨案"，庆祝双十节和北伐军攻克武汉等一系列群众运动，有效地凝聚团结起工人参与到反帝反封建的任务中，提高了马克思主义者独立领导工人运动的能力。中共重庆地委成立后，杨闇公以国民党四川省党部常委的身份亲自参加，统一领导全川工人运动，并以此为契机带动重庆市各行业工会和基层工会的发展。在发起工人运动的同时，杨闇公特别注重农村农民运动的动员，他认为："要使四川的革命基础稳固，应扶助在全川人口百分之八十几的农民的发展，才不致因环境变迁而动摇本党在政治上的地位。"③ 他强

---

① 中共中央马克思恩格斯列宁斯大林著作编译局：《马克思恩格斯选集·第一卷》，人民出版社，2012年，第9页。
② 刘伯承等：《忆杨闇公同志》，四川人民出版社，1980年，第10页。
③ 四川省文史研究馆：《四川军阀史料·第四辑》，四川人民出版社，1987年，第8页。

调农民有很高的革命性,因为"大多数农民生活之痛苦已不待言,农民脑筋中所含的革命成份几占其全部"①。在杨闇公等人的高度重视下,其组织学生群体深入到农村开展农民工作,纷纷成立县、乡、村各级农民协会,并开展了对土豪劣绅军阀官僚的斗争,掀起了农民运动的浪潮。在工人运动和农民运动的带动下,西南各省陆续成立劳工联合会、农民协会、妇女协会等革命组织,开展了反对西南军阀势力、打击土豪劣绅等群众运动。

(三)推动了信仰马克思主义群体的形成,促进了革命精神的弘扬

20世纪20年代的中国处于北洋政府的黑暗统治之下,四川军阀互斗、兵匪横行,人民困苦不堪,全国各地掀起了打倒军阀、反帝反封建的革命运动。正是在这种背景下,杨闇公积极投身革命实践,致力于对马克思主义的传播与实践,将马克思主义理论与群众运动相结合,推动了四川地区革命斗争的开展。革命兴起之初,四川地区的战略地位并未得到特别的重视。在大革命轰轰烈烈开展的同时,杨闇公等人基于对革命形势的观察,主动将四川地区作为推动革命事业的发展平台,大力传播马克思主义,建立、推动党团组织,发动群众运动,增强了革命团体的马克思主义信仰,推动了西南地区民主革命的进展。在此过程中,杨闇公铭记马克思列宁主义,坚守真理,矢志不渝地为实现共产主义而拼搏,其"甘当旧社会的叛徒,新社会的催生者"的英雄气概、"愿将热血和赤心供给无告的人们"②的奉献精神,影响了一代又一代信仰马克思主义、甘愿为中国革命事业抛头颅洒热血的青年群体。他们弘扬革命精神,继承先烈③遗愿,继续开展革命斗争。

他曾给赵宗楷写信,"劝其作社会主义的研究"④,如此才能成为革命

---

① 杨绍中等:《杨闇公日记》,四川人民出版社,1979年,第302页。
② 孟广涵:《重庆地方史论著目录(1978—1988)》,重庆出版社,1989年,第119页。
③ 赵宗楷,杨闇公的夫人。
④ 《杨闇公文集》,重庆人民出版社,1997年,第150页。

的伴侣。给青年们讲解社会现实时,他说:"我把中国的思想分着五派,全数加以批评,嘱其应研究马派。"因为唯有"马派"才能救中国。① 他教育其弟杨尚昆"进行的方略,读书的捷径"②,认为"帝国主义列强不排除,实业救国是幻想,只有革命才能救中国"③。后来杨尚昆回忆说:"他不仅指导我读书,还启发我认清腐败的封建家庭和半殖民地半封建的社会,在四哥启发下,我渐渐接受革命思想,投身到无产阶级解放事业中来。"④

杨闇公入党后,"与二兄一函,促其加入"⑤,督促和教育家人积极参加革命。在其引领下,他家庭中的多人先后走向了革命道路。他还注重对革命人才的物色,他说:"今后当注意同志的学识,择优秀分子为中坚的骨干"⑥,"现在我们所要造成的人才,是革命的,即是要共产主义的"⑦。他和吴玉章等人创办的赤心评论社,团结了一批进步青年,前后参加赤心评论社的青年达五六十人。为进一步培养青年马克思主义人才,扩大马克思主义的传播,杨闇公和吴玉章等还在成都组建了社会主义研究会,该会成立当天到会者即有七十余人,成立大会热情赞颂了"轰动世界的社会主义运动",系统论述了中国实行社会主义革命的必要性,号召中国劳动阶级"与苏维埃俄国联盟,大联合于波尔希维主义旗帜之下,实行暴力革命",并预言"最后的胜利必归于劳动阶级"⑧。

1926年5月,他介绍刘伯承加入了中国共产党,刘伯承曾回忆说:

---

① 《杨闇公文集》,重庆人民出版社,1997年,第151页。
② 《杨闇公文集》,重庆人民出版社,1997年,第115页。
③ 杨尚昆:《杨尚昆回忆录》,中央文献出版社,2001年,第15页。
④ 王友平:《杨尚昆与杨闇公的手足情》,《百年潮》,2007年第8期,第31页。
⑤ 《杨闇公文集》,重庆人民出版社,1997年,第139页。
⑥ 《杨闇公文集》,重庆人民出版社,1997年,第5页。
⑦ 《杨闇公文集》,重庆人民出版社,1997年,第170页。
⑧ 徐光煦:《中国YC团的红色探索之路》,《红岩春秋》,2016年第2期,第10页。

"一九二四年，我在成都经常与闇公一起。后来，我入党是闇公介绍的。"① 吴玉章、童庸生、罗世文、任白戈等革命人才均聚集在他的周围，共同献身于人民的解放事业。由此，以杨闇公为代表的马克思主义者，传播马克思主义、开展革命斗争的历史实践唤起了西南地区人民的意识觉醒，配合了全国各地反帝反封建的革命斗争，为增强人民意志、凝聚革命力量、推动革命进步奠定了精神根基和塑造了实践榜样。

马克思主义在中国的早期传播，为满目疮痍、经济落后、军阀混战的西南地区找到了认识世界和改造世界的理论武器，是西南政治社会发展的大事。以杨闇公、吴玉章为代表的爱国青年和进步的知识分子，努力钻研马克思主义基本理论，把马克思主义普遍真理与中国革命实践相结合，唤起了西南地区工农阶级的进一步觉醒，使科学社会主义的观念深入人心，培养了一大批革命骨干和民族优秀干部，促进了西南地区党组织的产生，推动了西南地区无产阶级革命形势的迅猛发展，为革命探寻了一条通往光辉和胜利的新道路。以杨闇公为代表的中国共产党人，通过组建中国青年共产党，创办《赤心评论》等进步刊物，研究、翻译和宣传马克思主义，同各种非马克思主义和反马克思主义思潮进行尖锐的斗争，引导进步青年划清与非马克思主义和反马克思主义的界限，为西南地区正确传播和阐释马克思主义提供了理性认知。

马克思主义在西南地区的早期传播，既是马克思主义革命理论的内在要求，也是中国革命实践的经验总结。杨闇公以短暂的一生为马克思主义在中国的传播作出了卓越的贡献，其理论实践和思想认识对在新时代更好坚持马克思主义的指导地位，巩固马克思主义在意识形态领域的统领作用，应对国内外各种反马克思主义思潮的挑战，不断开辟当代中国马克思主义、21世纪马克思主义新境界具有重要的现实意义。

---

① 邢家强：《杨闇公的社会主义观》，《中共四川省委省级机关党校学报》，1997年第3期，第70页。

杨闇公小传

杨闇公烈士①

人生如马掌铁,磨灭方休

杨闇公,生于1898年,原名杨尚述,四川省潼南县(今属重庆市)双江镇人。杨闇公是中国共产党重庆地方委员会的创建人之一,是四川地区早期的马克思主义先驱,也是大革命时期四川党组织的优秀领导人。杨闇公这一生以"人生如马掌铁,磨灭方休"作为自己的座右铭,积极投身于革命实践,最终为革命事业献出了自己的生命。

少时反叛,萌发民主革命思想

杨闇公所处正是中国社会发生急剧变化的动荡时代。1840年发生鸦片战争以来,中国被迫开始近代化,开始沦为半殖民地半封建社会,帝国主

---

① 党跃武,陈光复:《川大记忆:校史文献选辑·第四辑》,四川大学出版社,2011年,第59页。

义和封建主义成为压在中华民族身上最为沉重的两座大山；甲午中日战争的结果给中华民族带来了严重的危机，大大加深了中国社会半殖民地半封建化的程度。

杨闇公从小生长在双江镇一个没落的封建大家族里，他在家中排行第四，因为胞叔杨侠丰没有男孩，杨闇公从小便被过继给他，但是杨闇公并没有根据其家长意愿成为孝子贤孙。以杨闇公为主要代表的杨氏少年，成为与旧社会进行反叛的革命人士。杨闇公在塾师吴仲儒和自己父亲那里曾了解到一些关于太平天国、义和团等救国救民的故事，这些故事对其具有深深的吸引力，启发了杨闇公的爱国思想。杨闇公的大哥杨剑秋，早在清光绪年间就东渡日本留学，在日本期间参加了当时由孙中山领导的同盟会。随后，杨闇公的堂兄在1906年也加入了同盟会，并参加了之后的黄花岗起义。家族中的其他人也纷纷参与到与旧社会的抗争之中，杨闇公在少年时代便受到各种新思潮的影响。

1913年，孙中山领导"二次革命"，兴兵讨伐袁世凯的消息传开后，李烈钧在江西湖口宣布独立，各地纷纷响应，袁世凯随即派兵镇压。因为杨闇公的堂兄杨宝民参与了在江西讨伐袁世凯的革命，怀着爱国热情的杨闇公毅然决定到江西投奔革命。刚抵达宜昌之时，便传来二次革命失败的消息，于是杨闇公辗转前往上海与刚从日本留学归来的大哥杨剑秋会面。受二次革命失败影响的杨宝民也在此时来到上海，继续从事反对袁世凯的活动，在堂兄杨宝民的介绍之下，杨闇公加入了国民党。在15岁时，杨闇公前往南京进入了军官教导团学习。在此学习期间，杨闇公在军官教导团内秘密发展革命党人谋划倒袁之事。杨闇公机敏非常，在周末去上海秘密进行革命活动、遇到外国巡捕追捕时，总能顺利逃脱。

东渡日本，追寻马克思主义真理

1916年，在军官教导团学习期间，杨闇公因策划反对袁世凯称帝的起义失败，且得知二哥杨蘅石在日本留学后，便与杨蘅石联系，筹划去日本留学，开始了追寻马克思主义真理的道路。在日本留学早期，他先去学堂补习日语，并在学堂积极参与组织留日同学读书会，学习进步理论，却被日本警察以未经学校许可为由逮捕，斗争了几天后才被宣布无罪释放。

1917年，俄国十月革命的胜利和世界无产阶级革命运动形势的不断高涨，使民主主义和社会主义逐步进入日本学者的视界。正如中国人开始探究指导十月革命获取胜利的指导思想——马克思主义一样，马克思主义也在日本逐步传播起来。日本最早的马克思主义研究者和传播者河上肇教授的《资本论入门》、幸德秋水的《社会主义精髓》，以及山川均、上杉荣等人的作品都给在日本留学的杨闇公强烈的影响。除此之外，杨闇公组织留学日本的同学举办读书会，如饥似渴般地阅读马克思主义经典著作，接受着马克思主义的思想启蒙。

1919年，五四运动的消息传到了日本，留日的中国学生和华侨纷纷举行集会和示威，杨闇公也身处其中。中国公使馆职员中有杨闇公的戚族，他们约见杨闇公，希望杨闇公看在戚族份上，帮助其缓和学生和华侨的集会与示威，杨闇公不予理会。相反，在日本警察手持棍棒毒打中国同胞之时，杨闇公奋不顾身地站出来救护被殴打的留学生和爱国华侨，最终他被日本当局以"违反治安罪"的罪名逮捕入狱。在日本经历两次被捕的杨闇公于1920年出狱后，被迫离开日本回国。

在日本留学期间的杨闇公，孜孜不倦地学习和研究马克思主义，攻读《资本论》等马克思主义相关著作并参加留日学生声援国内五四运动的活动，杨闇公由激进的民主主义者迅速转变为共产主义者。

回国返川，投身革命实践

由日本被迫回国的杨闇公，开始了将自己在日本留学时候所学习的马克思主义真理同中国当前革命实践相结合的探索之路。在成都的日子里，杨闇公结识了一些对中国革命事业抱有赤诚之心的志同道合者，如童庸生、吴玉章、刘伯承等。童庸生是成都社会主义青年团的负责人之一，没过多久，杨闇公也加入了这个组织。吴玉章是成都高等师范学校校长，他与吴玉章等人以成都高等师范学校为基地，在学校进行着革命活动，也向学生们宣传新思想、新思潮，创办进步刊物如《星期日》《四川学生潮》《威克烈》等。

在与吴玉章、童庸生、刘伯承等相处的这段时间，杨闇公也对怎样将自己所学习、认识到的马克思主义和中国的具体国情结合起来，实现了由模糊到清晰的过程。杨闇公在日记里曾提到："吾国自辛亥改革后，算是骤进共和，民人的程度实与共和相去很远……所以，我们最重要的责任，实在预备与军阀决斗的人才和工具。"所谓的革命胜利果实其实早已被袁世凯窃取，资产阶级领导的民主革命已经失败，而现在，更需要的是与这些军阀进行决斗的人才和工具，这样的想法和认识也得到了吴玉章的赞同和支持，于是杨闇公开始了筹建共产主义革命团体的工作。

1924年，在未知中国共产党已经建立的情况下，杨闇公同其他志同道合者均强烈意识到"群众运动非有中坚人物不可"。如果说以马克思主义作为自己的指导思想，就应该有马克思主义政党的存在来领导群众运动进行革命。经过一段时间的筹划和准备，1924年1月12日，中国青年共产党成立了，中国青年共产党的机关刊物《赤心评论》也于此时创刊。中国青年共产党成立之初，在吴玉章、杨闇公领导下主要进行了三个方面的工作：积极开展马克思列宁主义的宣传教育和反帝反封建的革命鼓动工作；成立社会主义研究会，从各方面物色优秀人才培养群众运动中坚人物；与社会主义青年团一同前往工厂、农村和学校开展工人运动。

1924年，杨闇公和大批革命人士积极推动了四川地区首次声势浩大的纪念五一劳动节万人大会的召开。召开前夕，社会上突然传出了大会要组织工人、农民和学生推翻当时驻守成都的川军第二军军长、四川军务督理杨森。杨森善于伪装，起初对此次大会表示欢迎，当谣言传开之时，杨森以此为借口，卸下伪装，调兵实行戒严，整个成都政治氛围十分紧张。这天到来之际，广大工人、市民和学生不顾戒严涌入会场，杨闇公精神抖撒,一早赴会,面对人群涌动的会场,杨闇公感受到了广大工人、学生和市民的伟大力量,慷慨激昂地发表了题为《国际资本帝国主义对中国的侵略》的讲演。第二天,杨闇公便于日记中写道:"昨天的运动,我们可以证明,'自由'不是空谈得来的,非泪、血、汗,不能得真正的自由。前途的障碍还多得多,非对此三种有最大的决心,哪能说得到其他,我很希望大家努力,同时我很笑这些无识的军阀和他的走狗,何苦作此无谓的举动来惹起反感啊!愚呀!愚呀!"大会对于积极动员群众运动产生了很大的影响,同时,也对地方军阀造成了巨大的威胁,使中国青年共产党和成都社会主义青年团的生存面临严峻考验,吴玉章面临安全威胁后被迫离开成都,杨闇公也决定离开成都。

杨闇公、吴玉章离开成都后分别前往重庆和北京,找到并加入中国共产党,同时解散了中国青年共产党。杨闇公还前往中国共产党中央所在地——上海,积极寻求党中央的指导。在此期间,他会见了中国社会主义青年团中央执行会委员兼宣传部部长恽代英。

奔赴重庆,开辟新天地

从上海回来之后的杨闇公,到达了重庆,在重庆参加了社会主义青年团重庆地委的领导工作。在重庆工作之时,建立起四川反帝大同盟,对广大工人、学生、市民和农民等开展爱国与反帝宣传,同时又组织了四川平民学社,作为团的外围组织。

1924年11月,日本轮船"德阳丸"号盗运伪币,被海关查出后,日本人打死了在海关工作的中国检查人员。面对地方军阀的妥协,重庆人民群情激愤,不可遏止。在萧楚女、杨闇公等领导下,杨闇公组织重庆人民成立德阳丸案重庆外交后援会,于会中发表慷慨激昂的演说。一直以来,杨闇公都非常注重群众运动,成立德阳丸案重庆外交后援会,杨闇公在日记里写道:"这次德阳丸的案子,SY内的人实没有鼓舞一般人的能力……只有利用这个时候,群情愤发的风头上,集全力把学生会团结起来,作第二步的预备""群众激动是很容易的,今后如能加以特别训练,则收的功效,更见大了"。

1924年12月,孙中山先生北上呼吁召开国民会议,在中国共产党的领导下,重庆地区的国民会议运动在萧楚女、杨闇公、童庸生和罗世文等人的积极发动和组织中,逐步深入开展。

1925年初,中国社会主义青年团更名为"中国共产主义青年团",杨闇公被推选为中国共产主义青年团重庆地委书记。2月27日,重庆国民会议促成会召开群众大会,杨闇公在会议上积极发动工人开展群众运动。

五卅惨案发生后,引起了重庆市人民的民族义愤,其怒不可遏。杨闇公因此立即与罗世文等同志联络各团体,成立了"反抗英人惨杀上海华人重庆外交后援会",这在很大程度上又促进了重庆人民反对帝国主义的爱国斗争运动,重庆人民反对帝国主义的爱国热情再次上升。

随后,杨闇公又代表四川出席广州国民党全国第二次代表大会,大会从1926年1月1日开幕,到1月19日结束。杨闇公于日记中清楚记载自己在国民党全国第二次代表大会上的所见所得。他总结道:对于这次国民党二大"取的策略是拥护左派,拆散右派,故遇事都主张让步,但以不动摇根据地为限度……只要有利于目前的工作,决不走极左的路"。对于蒋介石在会上的报告,他则清晰地认识到"抹煞一切农工援助的事实,而表示自我太强,恐怕都是有用心的呵""全体与介石致敬(起立),笑话"。在会场上听到毛泽东所做的报告时,对其评价为"较前次各种报告都要有系统些,他能把具体的事实指得出来,并对于每个时期所施的宣传口号,也恰中客观的需要"。

在国民党全国第二次代表大会召开完后,杨闇公回到重庆,与其他志同道合者着手建立了中共重庆地方委员会。杨闇公被推选为书记,冉钧为组织部部长,吴玉章为宣传部部长,这为党在全川开展革命工作提供了组织上的保证,其始终坚持中国共产党的领导。

五卅惨案周年纪念时,国家主义派辱骂革命群众,大放厥词,杨闇公布置了"全面反击",揭露了国家主义派的无耻暴行。当北伐军攻打到武汉时,发生了英国军舰在万县向中国军民开枪开炮,造成近千人伤亡的"九五"惨案,杨闇公立即组织革命人士发动全川人民掀起反英运动,成立了"万县惨案重庆国民雪耻会"。

为巩固和扩大统一战线,发展四川地区革命,1926年11月25日至12月4日,由共产党员和国民党左派参加的中国国民党四川省第一次代表大会在重庆中山学校举行。杨闇公代表省委支部在会上做了《政治报告》《工人运动报告》和《农民运动报告》,与此同时,大会通过了杨闇公参加起草的《中国国民党四川省第一次代表大会宣言》。杨闇公在会议上所作的报告和通过的宣言,揭露了帝国主义和国家主义派破坏统一战线的无耻行为,激发了全会共产党员和国民党左派的爱国热情,并对接下来进一步充分发动群众,支援北伐战争,争取全国革命成功作出了部署。1926年12月初,杨闇公等领导和发动了泸顺起义,支援北伐战争。虽然泸顺起义失败了,但是对于统一战线的巩固和发展、四川革命的发展起到了重要的作用。

志不可夺,慷慨赴死

之前,杨闇公从上海回到重庆之后,家人曾为其谋划婚姻之事,对此婚姻之事,杨闇公在日记里写道:"婚姻是个人一生的幸福,事业是群众的幸福,两者相权,只有牺牲个人为群众""所谓喜气充满了家人的脑海,老亲较众人犹喜,各事均躬亲检点,直至十二时半始送往赵寓。我对这些虚伪的举动和俗礼,心实不愿已极。"对于旧式婚姻的成家与礼俗之事,杨闇公一直以来比较排斥,并早已抱有为众人牺牲自己的决心。

泸顺起义的爆发震惊全川,四川的革命形势变得愈发紧迫。1927年,野心勃勃的蒋介石和四川地区反动军阀勾结起来,对四川各地区的革命人士和革命群众进行围剿屠杀。1927年3月24日,英美帝国主义停泊在下关江面的军舰突然炮轰南京城,对中国革命进行蛮横的武装干涉,造成了伤亡人数多达两千多人的"南京惨案"。远在重庆的党地委负责人杨闇公等人同国民党左派商议，于3月31日在重庆打枪坝召开全市群众大会，抗议英美帝国主义的卑劣暴行，扩大反帝反封建的群众宣传教育范围。

召开全市群众大会的消息一经传开，地方军阀刘湘也在暗中部署，要对中共重庆地委的共产党员和国民党左派下毒手，屠杀名单上赫然写着杨闇公等中共重庆地委负责人的名字。同时，社会上遍布着"共产党要暴动""工人学生要打洋人"等各种谣言，反动派利用这些谣言将重庆闹得满城风雨，并冠冕堂皇地以保护侨民、洋行为由，对革命群众进行镇压，部署屠杀。

3月30日，刘湘派人传来恫吓，要求杨闇公最好不要在3月31日召开全市群众大会，但被杨闇公严词拒绝。随后，他又得知刘湘等人准备破坏大会，但是为了不失信于群众，不向反动派示弱，杨闇公同党团地委的其他负责人共商决议，大会如期召开。大家一致采取宁愿牺牲也要开会的态度，研究了当天举行大会的警戒问题，决定了几项安全保卫措施：工人纠察队负责场内巡察，各校童子军携带木棍和绳索警戒会场四周，各单位整队入场，不许闲杂人等混入队伍。杨闇公还说他已找杨森部的向时俊带卫队入场维持秩序。当天深夜，杨闇公去黄慕颜寓所，嘱咐其次日一早赶到会场。

大会当天，视死如归的杨闇公一早便起来，对赵宗楷说："今天召开市民大会，我要早点去主持。"其父亲杨淮青这时前来，进行劝阻，根据这几天的种种迹象，老人对杨闇公的安全十分担忧，但是杨闇公还是说服了自己的父亲。准备出门之时，他接到在刘湘军部当参谋长的一位亲戚派人送来的信，其在信中劝阻杨闇公不要参加群众大会。杨闇公冷笑说："威胁和利诱，对我都无济于事，我们是为了正义的事业，又不是为了个人的利益，反对帝国主义，难道还有错吗？你们收买不了我。也阻止不了我！"

杨闇公到达会场后不久，场外突然响起枪声，混入场内伪装群众模样的反动士兵对群众进行屠杀，会场秩序失控，一片混乱。杨闇公在主席台，那天又穿着醒目，他也成了匪徒们攻击的目标，但是他连忙叫大家不要惊慌，就地卧倒。枪声越来越紧密，杨闇公从一处墙上跳下，潜藏在通远门外一户农民家里，才得以脱险并前往江北。当天反动军阀制造的"三三一"屠杀事件，被杀害的群众有四五百人，伤者在千人以上。

到达江北后，杨闇公未作休息又设法回来了。家中亲人担心杨闇公安全，劝他暂避。4月2日，杨闇公试图乘坐轮船前往武汉，由于发现便衣特务追踪又返回家中。次日，杨闇公化装携妻子赵宗楷一同上了"亚东"号轮船，又遭人告密，于4日凌晨被捕。杨闇公此时已将身边的秘密文件吞咽下肚。便衣特务问他："你是不是杨闇公?"他面不改色地说："我是，你们想怎么样?"特务说："那你不要干什么共产党了，跟着我们才有命。"杨闇公斩钉截铁地说："你们国民党反动派、反动军阀是伙什么东西！你们是一伙凶恶的强盗，无耻的卖国贼，是一伙屠杀工农的刽子手，你们眼看就要死无葬身之地了。"

杨闇公与妻子被逮捕，上了囚船，他对周围群众大声呼喊着，揭露以蒋介石为首的反动派制造的"三三一"惨案的无耻罪行。杨闇公的妻子赵宗楷经党组织和杨淮清多方营救获释。杨闇公则被囚禁在蓝文彬的监狱中，反动派对其实施各种残酷卑劣的手段。反动派问他："难道你不怕死吗?"杨闇公愤怒地说："哼！怕死，只有你们才怕死，也必然快要死无葬身之地的，你们只能砍下我的头，绝不能丝毫动摇我的信仰。我头可断，志不可夺。"

4月6日深夜，杨闇公被押送至佛图关一个山岩边秘密处死。临死之前，杨闇公高声呼喊着："打倒帝国主义！打倒军阀！中国共产党万岁！"反动派残忍地割去了他的舌头，阻止他呼喊，但是杨闇公仍以鼻哼声，怒目视贼人，以手比画，显示出对反动派的无比仇恨与蔑视。穷凶极恶的反动派恼羞成怒，挖掉了杨闇公的双眼，砍断了他的双手，最后朝杨闇公连开数枪。杨闇公烈士为中国革命事业奉献了自己的生命，壮烈牺牲。

童庸生与西南地区马克思主义的传播

五四运动前后，马克思主义理论开始在中国广泛传播。西南地区早期马克思主义信仰者和宣传者之一的童庸生，在接受马克思主义之后，通过发表演讲、参与反帝反封建斗争、开展思想论战、组建革命社团等方式向青年学生和人民群众宣扬马克思主义学说，为马克思主义在西南地区的传播做出了突出贡献，并对西南地区尤其是四川革命运动中心的创建产生了深远影响。

　　童庸生接触马克思主义之后便积极加入团组织，借助在不同学校任教的机会大力宣传革命思想，并组织开展爱国运动，推动民主革命在西南地区不断发展。作为中国青年共产党和四川社会主义青年团的奠基者之一，其一生历任成都地方团组织书记部主任、共青团重庆地委书记、中共重庆地委执行委员等职，协助创建了四川地区党组织，推动了马克思主义在西南地区的传播，为实现中国共产党对四川革命运动的统一领导发挥了积极作用。

接触马克思主义，坚定革命信念

　　五四运动的爆发对整个中国社会产生了巨大的思想震荡，面对帝国主义的侵略、军阀混战所带来的民不聊生、多种社会思潮的暗流涌动，广大仁人志士开始思考究竟何种思想才能真正引领中国人民走向光明。接受五四运动思想洗礼的童庸生开始踊跃参与学生运动,在王右木创办的马克思读书会的学习中建立起了科学社会主义的信念,并将马克思主义要义运用于实践以解决实际社会问题。①

1915年,16岁的童庸生考入一所新制学校——巴县国民师范学堂,学校对西方教育思想和自然科学知识的介绍,使原本就反对封建家规的童庸生激起了改变国家现状的热情。1919年,童庸生考入四川师范学堂,五四运动的爆发使广大民众经受了一场思想政治洗礼,童庸生受人民反帝反封建斗争的影响而开始思考救国道路。之后,他积极参加学生运动,并结识了四川马克思主义运动先驱之一的王右木。王右木在其任教的成都高等师范学校组建了马克思读书会,童庸生成为该会重要骨干。② 在此过程中,童庸生认真学习了陈望道翻译的《共产党宣言》、恽代英翻译的《阶级争斗》,并听王右木讲授《资本论》《唯物史观》等,进而坚定了自身的马克思主义信仰。③ 1921年11月,童庸生被王右木选中,成为"中国社会主义青年团四川支部"的第一批团员,负责宣传和组织工作。④ 至此,童庸生将马克思主义要义内化于心,并以此原理思考中国社会问题的解决方式。

1923年秋,从成都高师毕业的童庸生回到母校巴县县立国民师范学校任教。在此期间,他对青年学生进行马克思主义的普及宣传工作,组建了革命理论学习班和马克思读书会,并从中挑选学生运动骨干组建党支部。⑤ 他向学生讲授李大钊、陈独秀等人的思想,激发青年学生的进步思想和革命热情。1924年夏,由于受到重庆当局的打压,童庸生转至涪陵省立四中任教,并开始在这一地区进行革命宣传。他利用该校便于公开合法地组织

---

① 《童庸生:用星星之火照亮巴渝大地的革命之路》,《重庆晨报》,2019年6月28日,第4版。
② 《忠诚的共产主义战士——记童庸生烈士》,《渝中报》,2019年10月14日,第4版。
③ 中共重庆市委党史工作委员会:《重庆党史人物·第一集(1925—1927)》,重庆出版社,1987年,第92页。
④ 巴县县志编纂委员会:《巴县历史人物》,内部资料,1988年,第157页。
⑤ 巴县县志编纂委员会:《巴县历史人物》,内部资料,1988年,第148页。

学生自治会开会的机会及三尺讲台，向广大青年学生控诉封建主义和帝国主义对人民群众的欺压剥削，鼓励大家加入工农革命运动，共创国家和民族的光明前途。在此期间，他发展石太成、鞠雪芹等进步学生，组建了社会问题研究会，研究会成员在学习理论和参加革命实践活动中受到熏陶，政治觉悟有了很大提高。

童庸生还动员涪陵女校、明德中学等四所学校的三十余名教职工和学生组建了涪陵新人社，并带领这两个组织的成员阅读《资本论》等马克思主义经典著作，向学生灌输革命思想，强调中国只有走十月革命那样的道路才能最终成功。1926年上半年，童庸生接受重庆地委的安排，到江津中学进行了短暂的任教，并创办了平民读书社，通过该组织引导青年们实现思想上的转变，进而介绍他们加入共青团。另外，他还组建了江津团小组，以壮大革命力量。

组织革命活动，宣传马克思主义

自从坚定了马克思主义信仰，童庸生就投入大量精力向广大青年宣传马列主义思想。他主要通过公开宣传、组织活动、社会实践等形式践行自身信仰，使川内越来越多的群众接受了革命思想的洗礼，进而推动当地革命形势的发展。

1924年1月，重庆国民促成会选出四川代表，童庸生作为代表之一赴北京参会，发表长篇演说，激励广大群众投身革命。他还积极参加北京党团组织的活动，返回重庆后，他继续赴各地参与演讲，宣传革命思想。[①]他曾以马克思剩余价值理论和阶级斗争学说为题进行一针见血的演讲：

---

① 巴县县志编纂委员会：《巴县历史人物》，内部资料，1988年，第160页。

"资本家剥削工人的主要手段是延长工作时间,降低工人的工资。"[1] 据《杨闇公日记》记载,为了吸引更多进步青年加入社会主义青年团(SY),童庸生经常带领学生前往校外进行演讲。一次演讲中,童庸生指着长江中横冲直撞的外国轮船控诉帝国主义的罪行,还摘下自己的帽子,问在场学生:帽子的材料多少钱?帽子做成后在市场上又卖多少钱?工人得到了多少工资?资本家又从中赚了多少利润?以此来说明剩余价值的含义。[2] 据南充的雷晓徽回忆:童庸生大力传播马列主义,宣传社会主义,是学生运动的积极分子。他很善于讲话,经常站在桌子上发表慷慨激昂的演讲,揭露黑暗的社会现象,宣传五四运动所揭示的新思想、新道德,鼓动同学们站出来反对腐朽的教育制度和政府,成为四川新文化运动的骨干。[3] 他还引导学生深入社会,研究社会问题,关心时事,与剥削阶级作斗争。他的演讲充满激情,针砭时弊,用语通俗易懂,例证鲜活生动,听众往往深受触动,一批批群众受其感染,投入了革命洪流。

童庸生与萧楚女、杨闇公等人一起创办了平民学社和马克思主义研究会,并利用毛泽东主编的《政治周报》和恽代英主办的《中国青年》对学社进行大力宣传,让更多群众了解到了革命理论。[4] 平民学社作为四川社会主义青年团的外围组织,聚集了一大批革命运动的骨干。童庸生发表的《介绍重庆的四川平民学社》揭露了中国官场与帝国主义之间的阴暗勾结,文章向世人表明,平民学社社员以大无畏的革命精神和牺牲精神在当地坚持进行着阶级斗争。[5]

---

[1] 中共涪陵市委党史研究室:《中共涪陵地区简史》,重庆出版社,1997年,第15页。
[2] 黄琪奥:《川渝革命先行者童庸生在重庆多地建立起团组织》,《重庆日报》,2019年9月3日,第3版。
[3] 杨炜:《碧血青春洒江天——纪念童庸生同志诞辰100周年》,《四川教育学院学报》,1998年第3期,第114页。
[4] 《忠诚的共产主义战士——记童庸生烈士》,《渝中报》,2019年10月14日,第4版。
[5] 中共重庆市委党史工作委员会:《重庆党史人物·第一集(1925—1927)》,重庆出版社,1987年,第114页。

作为一名马克思主义信仰者,童庸生对列宁极为推崇。1924年1月21日,列宁逝世后,中共中央要求各地开展活动,对列宁进行大力宣传,但重庆当局对此高度警惕,童庸生为此费尽了周折。终于在同年5月9日,重庆学联出面组织了追悼列宁的群众大会,促使马列主义在广大群众中进一步流传。会后,童庸生继续宣传十月革命、列宁生平及其主要思想,推动了马列主义在西南地区的传播。

1925年5月,童庸生与杨闇公、罗世文等一道创办了《曙光》周刊,大力宣传马列主义。① 周刊发行时,童庸生数次撰文揭露社会现状,讲明借用马克思主义解决现状的可能性和必然性,鼓励广大青年、学生正确了解社会形势,积极加入革命的大潮中去。在《曙光》周刊的影响下,大批革命青年树立了马克思主义信仰,积极参与青年运动和学生运动,部分优秀分子则经由童庸生介绍加入了中国共产党。

童庸生在担任中学国文教员期间,公开举办星期日讲座,发表《中国内乱之原因》《中国当前学术派之分析》等演讲,通过阐发当时国内形势、帮助青年拨开思想上的迷雾,从而引导其建立马克思主义的信仰。② 他指出,辛亥革命虽然推翻了封建统治,但还没有推翻帝国主义、军阀统治,中国民主革命的任务尚未完成。其时,在军阀割据、帝国主义统治下,民不聊生,唯有推翻这两座大山才能结束中国之内乱。针对当时社会中存在的马克思主义、无政府主义、三民主义、国家主义等学术派别,童庸生强调,国家主义维护军阀统治、破坏反帝统一战线,是一支极为反动的力量,要加以抨击取缔;无政府主义是小资产阶级知识分子的空想,在中国这样面积辽阔、人口众多的国家难以实现;三民主义者提出的联俄、联共、扶助农工的主张是救国良策;马克思主义揭示了人类社会的发展规

---

① 四川省地方志编纂委员会:《四川省志・人物志(上册)》,四川人民出版社,2001年,第105页。
② 中共重庆市委党史工作委员会:《重庆党史人物・第一集(1925—1927)》,重庆出版社,1987年,第116页。

律,是中国革命取得成功的思想指导。童庸生对于当时国内形势以及思想界几大派别的分析鞭辟入里,有助于指引江津的青年学生树立起马克思主义信仰,投入革命实践。

此外,童庸生与杨闇公、吴玉章等四川地区的共产主义者一道,对四川国民党组织进行了整顿和改组,从而推动了四川省内的国共合作。① 当时,四川地区中国共产党党组织尚未建立,川内革命主要以共青团为主力,革命骨干的组织力量皆源于团员,因此童庸生等人在四川地区通过将团员安排进国民党四川省党部和地方党部,实现对国民党组织的改造,进而扩大国民党左派的势力,以便在条件成熟后组建中国共产党自己的组织。② 在组织青年扩大国民党左派力量的过程中,童庸生因触动了国民党右派的利益而受到加害,但他并未畏缩不前,反而尽力推动四川省内的国共合作。川内国共合作的实现,使得人们树立了正确的革命目标,革命运动得以继续推进。③

在参加反日爱国斗争方面,童庸生躬身实践。1924年11月,日本人开设的"德阳丸"公司私自运送伪币,检查人员照例登船检查,却被推入江中淹死,重庆当局对这一事件妥协退让,激起了人民群众的强烈不满。"德阳丸"事件发生后,童庸生组织涪陵地区群众开展了声势浩大的声援活动,助力了当地的反日爱国斗争,有力地推动了当地青年思想的变化,助推革命的烈火在当地熊熊燃烧。对此,同为革命领袖的杨闇公曾给予童庸生高度评价:"庸生真是同人中的健者,他的精神一贯的样子,在他的来信中看得出来。此地青年思想的变动,完全是他的大功绩。"④

在教育方面,童庸生与吴玉章、杨闇公等人共同筹备了中法大学四川分校,以培养四川地区革命人才。该校实际上是中国共产党和中国社会主

---

① 王群生:《重庆历史名人典》,重庆出版社,2005年,第34页。
② 《重庆最早的中共党员童庸生》,《团结报》,2004年6月29日,第3版。
③ 简奕:《吴玉章与四川国共合作》,《红岩春秋》,2016年第2期,第18页。
④ 四川省巴县志编纂委员会:《巴县志》,重庆出版社,1994年,第698页。

义青年团的干部训练机构。1925年9月4日，该校开学后，童庸生作为教务主任，一直积极参与培养革命骨干。

斡旋、推动马克思主义力量的统一

童庸生对马克思主义的宣传和革命活动的开展建立在与多种反动力量多方周旋的基础之上。无论是中国共产党党内分歧、国民党内部分裂、军阀的分化还是各种社会思潮的暗流涌动，童庸生都用其坚定的意志、高超的处理能力进行了相应处理，从而推动了马克思主义力量的统一。

作为吴玉章、杨闇公的密切接触者，童庸生被认为是吴、杨等人于1924年1月牵头成立的中国青年共产党（YC团）的创始人和领导人之一。党组织不断发展之后，童庸生认识到统一共产主义政党党内思想和组织对于壮大革命力量的重要性，因此决定解散中国青年共产党，进入中国共产党的领导之下。① 为了实现合并，杨闇公被派往上海同中共中央进行商讨，这遭到部分中国青年共产党成员的阻挠反对。针对一些成员的困惑，童庸生对其进行了耐心的说服教育，使他们认识到加入中国共产党的重要性，最终杨闇公得以顺利前往上海。之后，中共中央决定，中国青年共产党的个别成员可以采取自愿申请的方式加入中国共产党或团组织，中国青年共产党实现了与中共中央以及社会主义青年团的合作，从而为此后四川省级党组织的建立奠定了坚实的基础。

于此之外，童庸生在北京出席国民会议促成会期间，对北京YC团成员晓以利弊，规劝其负责人解散该组织，并介绍吴玉章、李嘉仲、萧华清加入中国共产党，为中国共产党的发展提供了坚实的人才支撑。

---

① 《重庆最早的中共党员童庸生》，《团结报》，2004年6月29日，第3版。

1925年3月12日，孙中山在北京逝世，全国发起了悼念孙中山的活动，童庸生向党组织申请以个人身份加入国民党，并以左派的资格公开活动，职务是国民党四川省党部（左派）青年部长。① 之后，他参与了重庆的孙中山悼念活动，以讲演、发传单等形式宣传孙中山联俄、联共、扶助农工以及反帝反封建的思想。他作为重庆团地委的主要负责人之一，声援五卅惨案，开展讲演会和募捐活动。当时的诚学会和国家主义派公然献媚于军阀官僚，宣称国民党赤化，并利用其控制的报纸和学校等媒介与重庆团地委作对，禁止学生参加反帝反军阀活动。为此，童庸生组织学生运动、张贴标语，对抗反对势力，用群众运动捍卫广大青年的马克思主义信仰。

当时四川地区国民党的势力也分为左右两派，熊克武代表国民党左派，支持国共合作；石青阳代表国民党右派，反对国共合作，竭力排斥杨闇公、童庸生等人加入国民党地方领导机构，并对其打压报复。为了扩大左派的势力，童庸生等人在吴玉章的领导下建立了不同层级的左派支部，成功当选国民党第二次全国代表大会代表，并在《政治周报》上发表了《右派的三民主义》一文，强调国民党右派实则是孙中山先生三民主义思想的叛徒。② 在国民党二大上，童庸生作了《第二次全国代表大会之成绩》③ 以及《第一次全国代表大会后之本党》④ 两次发言，称世界各地都处在赤色国际之下，以苏俄为大本营，全世界无产阶级联合起来组成了世界反帝联合战线，国民党对此战线的破坏是极其愚蠢的。因此，国民党应该实现革命化，建立严密的组织来阻止"西山会议派"的反革命分子。国民党的纪律如果继续松弛下去，难保黄埔军校所培养的军事将领越

---

① 《重庆最早的中共党员童庸生》，《团结报》，2004年6月29日，第3版。
② 《童庸生：用星星之火照亮巴渝大地的革命之路》，《重庆晨报》，2019年6月28日，第4版。
③ 童庸生：《第二次全国代表大会之成绩》，《中国国民党第二次全国代表大会日刊》，1926年第19号。
④ 童庸生：《第一次全国代表大会后之本党》，《中国国民党第二次全国代表大会日刊》，1926年第3号。

来越军阀化，难保国民党各级党员干部不官僚化、政客化，因此，反对帝国主义、反对军阀混战势在必行。① 最终，在国民党左派骨干的努力下，国民党二大继续坚持新三民主义，并给予了"西山会议派"有力打击。会议结束后，童庸生返回重庆，继续在当地推动中国共产党党组织和国民党左派党部的建立和活动。

1926年秋，面对军阀内部的分化，中共中央指派童庸生协助刘伯承、吴玉章争取川军，避免其攻打北伐军。童庸生以国民党左派省党部工作人员的身份，带着刘伯承的介绍信前去泸州与赖心辉部旅长袁品文、陈兰亭进行联络，成功说服该部起义、加入国民革命军。袁品文回忆说："童庸生几次到我住宅，晓以反帝反封建和解放人民的伟大意义，争取我参加党，参加革命，此次童庸生同志之来，使我喜出望外，像在黑暗中骤然见到光明的远景。"② 他又前往南充、合川等地说服当地将领加入北伐军，为当地统战工作作出了重要贡献。童庸生还起草了《四川各派军阀的动态》和《四川军事调查》，经重庆地委充分讨论后上报中央，中央复信赞同利用军阀分化的机会，鼓励民众参与北伐运动。③ 他以特派员身份前往中央做了《川中情形》④ 的汇报，论述了川内军阀的实力及动向，强调将朱德、刘伯承部作为一支党的军事力量进行支持培养，建议发展四川的党务工作，从而使得党中央能够在充分了解当地真实情况的基础上精准决策，中央指示重庆地委对四川军阀采取"前打后拖"的办法，阻止其攻打北伐军，在四川打造共产党自己的力量。之后发生的泸顺起义，成为国共合作条件下中国共产党独立掌握武装力量的一次尝试，虽然起义最终失败了，

---

① 中共重庆市委党史工作委员会：《重庆党史人物·第一集（1925—1927）》，重庆出版社，1987年，第114页。
② 四川省巴县志编纂委员会：《巴县志》，重庆出版社，1994年，第698页。
③ 中共重庆市委党史工作委员会：《重庆党史人物·第一集（1925—1927）》，重庆出版社，1987年，第117页。
④ 中共四川省委党史工作委员会：《泸顺起义》，四川省社会科学院出版社，1986年，第39页。

但它有力地策应了北伐,为今后中国共产党的军事斗争积累了宝贵经验,奠定了之后武装反抗国民党反动派的基础。①

此外,童庸生还与各种社会思潮展开论战,推动了思想战线上的理论斗争。当时进步系、国家主义、无政府主义、梁漱溟学派等均在青年中产生了一定的影响,童庸生建议中共中央在《新青年》《前锋》等机关刊物上采取讨论、论战的形式进行反击,使真理能够越辩越明,并特地要来《社会主义讨论集》一书以进行宣传教育。他对醒狮派、诚学会等知识界反动分子进行了一针见血地批判,提醒党内同志在反击唯心主义的同时,注意对梁漱溟学派展开研究回应,密切关注当地的思想变动,这使得川内的马克思主义学说得以统一而不致分裂。②无政府主义鼓吹反对一切权力、不要政府、实现个性的绝对自由,这一极端主张对狂热的青年学生造成严重影响,童庸生经过一段时间的观察思考,最终对这一不切实际的思想展开了猛烈抨击,他认识到只有在马克思主义的指导下开展暴力革命才能实现人的自由解放。③ 正是同错误思潮的斗争,使得童庸生能够辩证地看待不同社会思潮之间的差异和优劣,最终认识到马克思主义才是符合中国国情的正确主张,进而坚定了自身的马克思主义信仰,成了一名优秀的中国共产党党员。

壮大后备力量,扩大马克思主义影响

童庸生充分认识到革命的理论需要革命的实践来加以完善,而革命的组织则是壮大革命力量、实现革命目标的重要举措和载体。面对革命形势

---

① 张清满:《北伐战争时期的泸州起义》,《军事历史》,1987年第4期,第45页。
② 周勇:《杨闇公纪念集》,重庆出版社,1993年,第359页。
③ 杨炜:《碧血青春洒江天——纪念童庸生同志诞辰100周年》,《四川教育学院学报》,1998年第3期,第114页。

的发展和群众情绪的高涨，童庸生果断创建了成都社会主义青年团和团涪陵支部，用以为革命发展培育后续力量。

1922年春，童庸生与几位革命青年一道组建了成都社会主义青年团，他被推举为该会领导机构——干事会的主要领导。① 同年夏天，王右木经上海团中央批准在成都社会主义青年团的基础上正式成立四川地方团组织，童庸生被选为书记部主任。在此任上，童庸生践行"空谈误国、实干兴邦"的理念，运用马克思主义理论指导革命实践，参与了教育界争取教育经费独立和择师运动。② 1922年时，四川境内的教育经费主要由肉税构成，但这一仅占全川税收百分之二的专项经费却常常被军阀侵占，严重影响当地教育事业以及师生们的工作、学习。成都各校采取罢课的方式进行抗议，成都社会主义青年团正式打出自己的旗帜，号召师生员工团结起来同封建军阀开展斗争，以维护教育事业正常运转。童庸生带领学生代表多次到省议会请愿，团组织采取了多种有组织、有领导的抗议活动，终于促使这一教育经费斗争取得了阶段性胜利。之后，教育界进步人士四川省一中校长陈光普被撤职，童庸生与人们一道散发传单、阻止新校长上任、组织护校委员会管理学校，推动了革命形势的快速发展。

随着全国"反帝大同盟"的建立，涪陵的学生、工人等开展了抵制日货的活动，学生们的自治活动搞得如火如荼。③ 1924年10月，回到涪陵后的童庸生组建了团组织，吸纳"涪陵新人社""社会问题研究会"的骨干成员组建了团支部，由团中央直接领导。④ 后来，杨闇公、萧楚女等陆续到达重庆，团涪陵支部便接受团中央和中国社会主义青年团重庆地方委员会双重领导，童庸生是后者的负责人之一。大革命时期，全国许多地方的

---

① 《忠诚的共产主义战士——记童庸生烈士》，《渝中报》，2019年10月14日，第4版。
② 中共重庆市委党史工作委员会：《重庆党史人物·第一集（1925—1927）》，重庆出版社，1987年，第94页。
③ 中共涪陵市委党史研究室：《大革命时期的涪陵》，内部资料，1991年，第158页。
④ 重庆市渝中区人民政府地方志编纂委员会：《重庆市市中区志》，重庆出版社，1997年，第760页。

党组织都是由团组织发展起来的,当时的规定是团的领导人隶属于哪一级,其所领导的组织便直属于哪一级。① 在此过程中,童庸生向团支部成员讲到,只有打倒帝国主义、军阀、土豪劣绅,中国人民才能真正翻身,而实现此目的的唯一途径就是参加革命,学习俄国十月革命的道路。经由童庸生的革命宣传以及团组织的领导,团涪陵支部的成员后来都成了该地区马克思主义的宣传员,积极参与到了中国共产党在该地的斗争中。

共产党的实践性品格,注定了我党历史上有一大批以革命实践见长的革命实践家,他们为中国人民的解放事业做出贡献,却因为奔忙于现实斗争而过早牺牲,童庸生即这样的历史典型。童庸生的青年时期,正是中国社会的大变革时代,五四运动的爆发,猛烈地冲击了中国传统社会的组织架构,中国出现了宣传马列主义的潮流,四川省内的一些进步刊物也开始登载研究俄国革命、介绍马克思主义和介绍联共(布)的文章,童庸生与许多革命青年一起如饥似渴地学习马列主义,并把它用于指导自己的革命实践,从而成为四川的第一批马克思主义者。作为重庆地区最早的党员,童庸生在接触马克思主义之后便坚定了这一理想信念,并将之付诸行动。通过多种形式的宣传以及同反对派的周旋,他极大地推动了西南地区以学生和工人运动为主的群众运动的发展,并组建了成都社会主义青年团和团涪陵支部以扩充革命力量。

---

① 中共涪陵市委党史研究室:《大革命时期的涪陵》,内部资料,1991年,第156页。

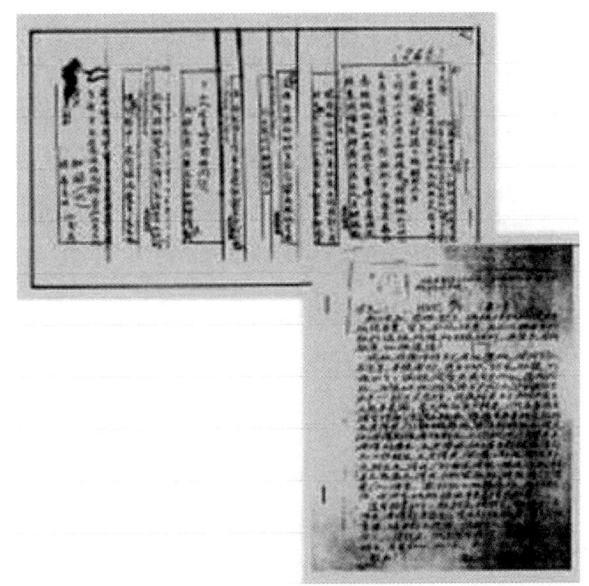

1925年，杨闇公、童庸生给团中央的报告，要求成立党组织

回顾童庸生这位坚强的共产主义战士短暂的一生，我们由衷折服于其刻苦奋斗的精神、卓越的活动能力，感慨其为四川成为革命运动中心之一所付出的坚苦卓绝的努力，铭记其为马克思主义在西南地区早期传播立下的汗马功劳。他的一生，是战斗的一生、革命的一生、探索真理的一生，无愧为四川地区传播马克思主义的先驱，其品格和精神得到党中央的肯定，中共中央在大革命时期多次强调："四川现在负责的吴（玉章）、杨（闇公）、童（庸生）三同志，均忠实有活动能力，川省现时是最好工作之地，四川工作同志刻苦奋斗的精神，更为别省所不及者。"① 但目前关于童庸生对马克思主义在西南地区早期传播的探索与贡献的研讨多存不足，在追溯马克思主义传播源头、传播方式、传播过程的同时，很有必要在掌握更为翔实的资料基础上探索这一传播的效果，并对马克思主义在西南地区

---

① 杨炜：《碧血青春洒江天——纪念童庸生同志诞辰100周年》，《四川教育学院学报》，1998年第3期，第116页。

不同的传播方式及其传播效果之间进行对比分析，同时厘清马克思主义在全国不同地区传播的异同点以及背后的影响因素，从而推动这一研究不断走向深入。

童庸生小传

童庸生烈士[①]

童庸生（1899—1932），又名童显祚、童受祚、童鲁，1899年3月出生于重庆市巴县永兴乡宜家桥（今属重庆市巴南区惠民街道）的一个濒临破产的地主家庭。幼年时，其父童吉庄（又名童裕宽）在山西做县知事，童庸生便随父在太原读书。他的青年时期正处于中国社会的大变革时代，他对父亲"学而优则仕"的为官之路不感兴趣，而被维新变法的思潮所吸引。辛亥革命后，他决定回到家乡重庆，并于1915年考入家乡巴县的国民师范学校。这是一所传授西方教育思想和自然科学知识的新制学校，考入该校激起了原本就反对封建家规的童庸生改变国家现状的热情。1919年，他考入国立成都高等师范学校国文部。当时正值五四新文化运动的前夜，他一进校便投入了日益高涨的学生运动。

[①] 党跃武，陈光复：《川大记忆：校史文献选辑·第四辑》，四川大学出版社，2011年，第69页。

思想拓荒 川大人与马克思主义在西南地区的早期传播

学生时代

读书时，他参加了高年级学生张秀熟、袁诗荛领导的爱国学生运动，参加出版进步刊物《四川学生潮》，反对日英帝国主义和北洋军阀政府的卖国活动。在这一过程中，童庸生认识了四川马克思主义先驱王右木。

1920年秋，王右木在成都高师明远楼组织成立了四川马克思读书会，这是四川地区最早建立的以研究和宣传马克思主义为主要任务的革命群众组织。1922年2月7日，王右木主持创办了四川最早的马克思主义刊物《人声》报，其取义于表达人民的意志和心声，在传播马克思主义的同时，强调要和实际相结合，号召青年要抱"绝对改造的观念"，"把现在所有一切旧社会——腐朽势力所凭借的制度，一齐打倒，作根本的改造"。① 童庸生参加了王右木发起的读书会和《人声》报的工作，并成为该会的骨干。这些活动都直接影响了童庸生的思想观念，为他科学社会主义信念的树立和未来革命活动的开展打下了必要的基础。

1921年11月，童庸生被王右木选中成为中国社会主义青年团四川支部的第一批团员，负责宣传和组织工作。1922年4月，他和钟善辅、李硕勋、阳翰笙、廖恩波、刘亚雄、刘弄潮等革命青年一起，按照中国社会主义青年团临时章程，在成都自发成立了四川社会主义青年团。同年10月，在此基础上正式建立了中国社会主义青年团成都地方执行委员会，童庸生为执行委员，任书记部主任。从此，团组织成为成都地区群众活动的主要组织者和倡导者。童庸生在讲到建团动机时说："办报来宣传和学会来研究，固然好，但没有一种真正做革命事业的团体，这精神终究不能结合来实施。"② 正是基于这种重视组织和实践的思想，童庸生把建立"真正做革命事业的团体"当作自己实施马克思主义精神的第一步。

---

① 王右木：《新与朽之不两立》《生日》，《人声报》，1932年2月7日。
② 党跃武，陈光复：《川大记忆：校史文献选辑·第四辑》，四川大学出版社，2011年，第70页。

思想的斗争和升华

据王右木透露，童庸生在其赴上海时，"纠集旧马氏学会人成立分校"①（"分校"是当时特殊环境下对四川社会主义青年团的称谓）。其存在时间共四个多月，实际活动也仅限于成都。而且该组织所秉持的马克思学说并不鲜明，对马克思关于无产阶级实现自身解放条件的认知还十分肤浅，这也是王右木将童庸生等归为"旧马氏学会人"的原因。可见，成都社会主义青年团虽然是受马克思主义的影响而成立，但其创立者对马克思主义的理解并不深入和准确。

由于当时客观条件的限制，无政府主义在四川风靡一时，这一来源于西方的极端思想，宣扬反对一切权力、不要任何政府、主张个性的绝对自由。当时，这种思潮也渗透影响了四川的党团组织中的一些成员，童庸生逐渐不满王右木等对无政府主义的猛烈批判，进而申请退出社会主义青年团。经过一段时间的徘徊和思考，童庸生又开始感到无政府主义不符合中国的具体国情，所以对无政府主义开始抱有怀疑的态度。这一时期的童庸生处于一种求真理而不得的苦闷之中。当时中国的思想界，受包括无政府主义、马列主义等各种外来思潮的影响，使爱国知识青年处于一种可多元选择的犹疑境况。经过组织及时的教育和帮助，童庸生逐渐认识到，要推翻腐朽的社会制度，实现全人类的解放，只有在马列主义的指导下进行暴力革命，推翻旧政权，消灭剥削阶级才能成功。于是他改正了错误，重新回到团组织里。

开始革命活动

1922年夏天，社会主义青年团成都地方委员会以四川社会主义青年团的名义发表宣言，号召全川师生员工团结起来，维护教育事业，改革教育

---

① 中央档案馆，四川省档案馆：《四川革命历史文件汇集（1922—1925）》，1986年版。

进而改造社会。6月10日,童庸生等人推动四川省学生联合会,在国立成都高等师范学校校园召开万人大会,揭露军阀侵占教育经费的事实。6月18日至21日,重庆等地的学生纷纷响应,迫使省议会通过学生代表的提案,斗争取得初步胜利。

1922年下半年,进步人士四川省一中校长陈光普被无故撤职,童庸生等带领各校学生,反对政客严恭寅接任校长职务。四川军阀刘成勋令各校开除进步学生,阳翰笙、李硕勋等人被开除,并于当年冬天先后离开成都,童庸生仍坚持留在成都。此后,他与吴玉章、杨闇公、刘伯承等同人齐心协力,以成都高师为阵地,开展革命活动,广泛传播马克思主义,推动川内革命形势发展。

在重庆开展活动

1923年初,从成都高师毕业之后的童庸生受聘回到母校巴县县立国民师范学校任教。在罗世文等人的配合下,他首先在重庆开展了社会主义青年团的组织发展工作,积极在重庆各学校传播马列主义,组建了革命理论学习班和马克思读书会,并从中挑选学生运动骨干组建党支部来开展斗争。他向学生讲授李大钊、陈独秀等人的思想,激发青年学生的进步思想和革命热情,先后发展了郎羽钦、蒲建民等学生加入社会主义青年团。经过努力,他先后在川东师范、巴县中学等七八所学校建立了团支部。他还和萧楚女、杨闇公等一起组织进步青年成立了平民学社和马克思主义研究会,带领各个学校的宣传队出去宣讲。在此期间,童庸生介绍了杨闇公等同志加入社会主义青年团。同时,童庸生还注重理论研究,他曾先后在毛泽东主办的《政治周报》和恽代英等主办的《中国青年》上发表文章,介绍四川平民学社的情况,宣传革命理论。

1924年8月,他转至涪陵省立第四中学任教。他一面教书,一面继续宣传马克思列宁主义,培养进步学生,积极发展团员。在此期间,童庸生发展了鞠雪芹、石大成等6名团员,组建了社会问题研究会,同时建立了社会主义青年团涪陵支部,初期直属团中央领导。童庸生还动员涪陵女校、明德中学等4所学校的30余名教职工和学生组建了涪陵新人社,亲自带领这两个组织的成员们阅读《资本论》等马克思主义经典著作,向学生灌输革命思想。

1924年9月21日,童庸生、萧楚女、杨闇公、罗世文等以重庆团地委为领导核心,联合13个进步团体,发起建立了重庆反帝国主义联盟,发表了《重庆反帝国主义联盟宣言》,呼吁"海内全体青年,一切团体,组成一个联合战线","推翻帝国主义所得以凭藉的一切不平等条约!粉碎他们的武力侵略、经济侵略、文化侵略"。重庆团地委发动各界群众,先后建立了重庆反帝国主义联盟劳工互助社、重庆国民会议促成会、四川平民学社等革命团体,领导了大革命前期重庆地区的历次群众运动。平民学社还办了社刊《爝光》,数月之内,社员发展迅速,便以重庆为总社,在成都、内江、泸县等地设分社。同年3月,童庸生、霍步青等10人出任四川代表,赴北京参加全国"国民会议促成会议"。会议期间,童庸生以四川代表身份在大会上作了长篇演说,影响很大。8月下旬,重庆"国民外交后援会"设立特别演讲场,童庸生经常与杨闇公、吴玉章在此演讲,宣传鼓励国民革命运动。

1924年11月,"德阳丸"事件发生后,重庆当局奴颜婢膝的外交行为激起了广大群众的义愤。童庸生组织发动涪陵地区群众进行了大规模的声援活动,有力地支援了杨闇公等在重庆发动的反日爱国斗争。

1925年1月,重庆地方团组织改组,隶属团重庆地委领导,童庸生当选为社会主义青年团重庆地委书记,并加入中国共产党。

1925年5月,童庸生与杨闇公、罗世文等一道创办了《曙光》周刊,大力宣传马列主义。[①] 童庸生数次撰文,勇敢揭露社会现状,讲明借用马

---

① 四川省地方志编纂委员会:《四川省志·人物志(上册)》,四川人民出版社,2001年,第105页。

克思主义理论解决现状的可能性和必然性，使得广大青年及学生能够正确了解社会形势，热烈加入革命的大潮中去。

为了培养四川革命骨干力量，1925年9月，吴玉章在重庆创办中法学校四川分校，童庸生参与建校筹划工作，并担任教务主任。在参与学校事务的过程中，童庸生与杨洵因沟通不利、行事欠妥而产生了误会和分歧，为消除误会，重庆党团组织于1926年4月15日召开了批评会。会议由杨闇公主持，包括杨洵、童庸生在内的10人出席。两人先开诚布公地将彼此间的误会与分歧摆出来，与会者再就各自参与的具体事件和熟悉的情况进行补充和说明。弄清基本事实后，与会者对双方进行了诚恳的批评。杨洵、童庸生二人坦然接受大家的批评和帮助后，又进行了相互批评。最后杨闇公进行了会议总结。经此，误会双方冰释前嫌，重庆党团组织得以继续团结发展。① 这次会议，是重庆党组织历史上的第一次民主生活会，也是中共初期历史难得的一次会议记录完整保存至今的民主生活会。此次会议后，童庸生、杨洵的士气未受任何打击。童庸生始终战斗在四川革命斗争的最前线，杨洵一直发挥理论功底深厚的特长，一边搞宣传、一边做统战。而经历此事的重庆党团组织更为坚强、团结。

1925年3月12日，孙中山在北京逝世，全国范围内掀起了悼念孙中山的活动，童庸生向党组织申请以个人身份加入国民党，并以左派的资格公开活动，职务是国民党四川省党部（左派）青年部长②。之后，他参与了重庆的孙中山悼念活动，以讲演、发传单等形式宣传孙中山联俄联共扶助农工以及反帝反封建的思想。

1926年1月，童庸生与吴玉章等7人以国民党四川代表的身份赴广州参加国民党的第二次全国代表大会。会上，童庸生作了题为《第二次全国

---

① 宋键：《中共早期党内民主生活的典范——一份1926年中共重庆党、团地方执行委员会批评会记录析读》，《党的文献》，2017年第2期。
② 《重庆最早的中共党员童庸生》，《团结报》，2004年6月29日，第3版。

代表大会之成绩》①和《第一次全国代表大会后之本党》②的两次发言。在国民党左派骨干的努力下,国民党二大继续坚持新三民主义,并给予了西山会议派有力打击。会议结束后,童庸生返回重庆,继续在当地推动中国共产党党组织和国民党左派党部的建立和活动。

1926年初,杨闇公、童庸生带着中共中央批准四川建党的指示,在重庆展开筹建党组织的工作。2月,中共重庆地方执行委员会正式成立,代行省委职权,童庸生被推为中共重庆地委委员兼团地委书记。在中共重庆地委筹建过程中,童庸生做了大量宣传组织工作,是四川党组织的创始人之一。中共中央对童庸生、吴玉章、杨闇公等在四川的工作给予了高度评价。

1926年春,童庸生奉命转移到江津开展工作,公开职务是江津中学国文教员。他在该校组织了励学读书会(后改名为平民读书会),通过该组织引导青年们实现思想上的转变,进而介绍他们加入共青团,成立了江津第一个团组织。在这一时期,他公开举办星期日讲座,发表《中国内乱之原因》《中国当前学术派之分析》等演讲,通过阐发当时国内的形势、拨开青年思想上的迷雾,从而引导其建立马克思主义的信仰。③

1926年秋,中共重庆地委遵照中央指示,发动了以顺庆(今南充)、泸州为中心的武装起义,以瓦解四川军阀的力量,支援和配合北伐进军。童庸生是泸顺起义的组织领导者之一,中共重庆地委派他协助吴玉章、刘伯承做争取川军的工作。他冒着生命危险,携带刘伯承的亲笔信去泸州等地说服地方军阀袁品文、陈兰亭等人参加起义,站到国民革命这一边来。1956年,刘伯承在给李大章的信中说:"我于民国15年在四川担任泸顺起义总指挥时,童庸生任党代表,这个同志是个对革命忠诚、热情洋溢、善

---

① 童庸生:《第二次全国代表大会之成绩》,《中国国民党第二次全国代表大会日刊》,1926年第19号。
② 童庸生:《第一次全国代表大会后之本党》,《中国国民党第二次全国代表大会日刊》,1926年第3号。
③ 中共重庆市委党史工作委员会:《重庆党史人物·第一集(1925—1927)》,重庆出版社,1987年,第116页。

于做鼓动宣传的好同志。"①

远航与归来

1926年10月下旬，童庸生潜行出川，由中共中央保送到苏联莫斯科东方劳动大学和列宁格勒军政学院学习，于1932年1月回国。1932年3月，他在上海与罗世文等人一道乘船返川。船靠九江时，童庸生上岸购物，不幸被国民党当局逮捕杀害，时年31岁。就这样，一位共产主义的猛士，像一颗璀璨的明星，在夜空中骤然消失了。

1945年，中共中央组织部追认童庸生为革命烈士。

---

① 四川省巴县志编纂委员会：《巴县志》，重庆出版社，1994年，第698页。

恽代英与马克思主义在西南地区的早期传播

恽代英与马克思主义在西南地区的早期传播

五四运动后期，马克思主义开始在国内渐次传播，并逐渐为中国的先进分子所接受，恽代英即是其中的代表。1921年，恽代英受邀前往四川泸州川南师范学校担任教务主任，为川南地区带来了马克思主义。他大力宣传马克思主义，组建社团，创立初具共产主义信仰的组织，促成了泸州青年团组织的建立；与此同时，借助学生与青年教师的力量，组织夜校和旅行讲演团，扩大了马克思主义与革命、爱国思想的社会影响。理论与实践结合的过程中，恽代英在提高自身马克思主义素养的同时，推动了马克思主义在西南地区的早期传播，播下了革命的火种，并为研究马克思主义的早期传播提供了一个典型样本。

川南师范学堂校门[①]　　刘继东摄

[①] 谢荔：《川南师范学堂与恽代英同志》，《四川文物》，1985年第2期。

既有研究中，李天华、李良明梳理了恽代英对于马克思主义中国化的历史贡献；邹谨则以恽代英的办刊实践探讨了马克思主义在中国的传播；李孝君检视了恽代英早期从民主主义者转向马克思主义者的发展历程；邓军以恽代英在五四运动时期的社团组织实践为例，为解释20世纪20年代初知识分子纷纷转向"主义"的现象提供了一个组织学的视角，凌承纬、刘兴旺则研讨了恽代英与陈独秀革命思想的互动；马建标分析了五四运动时期恽代英国家观念的养成及其救国实践。[①] 关于恽代英的既有研究虽然成果较为丰硕，但与马克思主义在西南地区早期传播有关的研究却付之阙如，仍有进一步研讨的空间。本章以恽代英与马克思主义在西南地区的早期传播为主题，梳理恽代英在四川期间的革命实践及其对马克思主义传播的贡献。

恽代英旅川期间的经历

这一时期的四川，虽地处边陲，但新文化、新思想已传播开来，部分掌握实权的地方实力派也标榜趋新以笼络人心。1921年，四川陆军第九师师长杨森发出"推行新政，建设新川南"的号召，在泸州推行了一系列趋新活动。其中，在教育方面，杨森聘请《川报》主笔卢思（即卢作孚）为

---

① 李天华，李良明：《恽代英对马克思主义中国化的历史贡献》，《江汉论坛》，2015年第3期；邹谨：《恽代英的办刊实践与马克思主义在中国的传播》，《重庆邮电大学学报（社会科学版）》，2016年第5期；李孝君：《论恽代英早期思想的发展、特点及实践》，《辽宁师范大学学报（社会科学版）》，2016年第3期；邓军：《从"良心"到"主义"：恽代英与五四时期知识分子的社团组织困境》，《中共党史研究》，2016年第4期；凌承纬，刘兴旺：《近代知识分子革命思想互动的历史考察——以恽代英与陈独秀革命思想互动为例》，《重庆科技学院学报（社会科学版）》，2018年第5期；马建标：《五四时期恽代英国家观念的养成及其救国实践》，《安徽师范大学学报（人文社会科学版）》，2019年第4期。

川南永宁道尹公署教育科科长。当年暑假，卢思赴重庆与川东道尹公署秘书长陈愚生商议川南二十五县最高学府，即川南师范学校的校长、教务主任的人选问题。卢思与陈愚生均系少年中国学会（马克思学说研究会）会员，陈愚生遂推荐了少年中国学会会员王德熙、恽代英分别担任川南师范学校的校长和教务主任。

此前，即1920年，恽代英曾受少年中国学会的委托，赴北京负责编纂《少年中国学会丛书》，其后，恽代英先后辗转武昌、宣城。

1921年10月，恽代英接受陈愚生的邀请，赴四川泸州川南师范学校任教务主任。10月21日，恽代英抵达重庆，并应友人邀请分别于23日与25日在重庆联中和川东师范讲演。恽代英的讲演引起了强烈的反响，以至于重庆联中的教务主任曾率十余名学生代表"拦截"他去该校担任训育主任。对于重庆联中的邀请，恽代英婉言谢绝，继续奔赴泸州，并于30日抵达川南师范学校。

川南师范学校创立于1901年，系清末兴办近代教育时所开设的新学堂之一，也是川南二十五县之最高学府。该校长期为学阀把持，沿袭旧制，加之经费亏空，设备简陋，以致暮气沉沉。刚到泸州，恽代英即发现川南师范学校"校舍太坏而小：（一）无游戏地方；（二）无练习体育地方；（三）小学在旁唱歌或喧戏，而本部授课，殊为不宜。而附近又无隙场，小学亦不能迁出。一切改良，只有候明秋不定能成的新校舍（现尚未成议买地）……交通不便，书物设备，远水不救近火，真是无可奈何。经费全靠杨森保障。反对此校的很多，杨若动摇，将成不了之局"。但是，恽代英也发现，川南地区"真可谓济济多贤"，而川南师范学校也胜过其曾经任教的安徽宣城师范学校，"校内气象颇好"，"比我在宣同事一部分狂士名士，公然认做教员是为自己的，确有希望点"，并认为"此校比较或尚有改造之望"。[①]

---

① 中共泸州市委党史工作委员会办公室：《恽代英在泸州》，内部资料，1987年，第25页。

恽代英就职后，即对该校进行大力整顿，在杨森和卢作孚等人的支持下，学校面貌迅速发生转变。学校开始建设新校舍、图书阅览室，师生共修操场，绿化校园，购置设备仪器、图书和大量期刊、报纸，川南师范学校呈现出一派新景象。同时，学校建立了新式的教育制度和管理体制。恽代英主持制定了全校的"教育标准"，即"本校教育以养成品性才能学识完满合用之小学教师……能为社会负责，予儿童以合理的教育，且同时能从事于各项有益的社会活动为宗旨"。①

1922年4月，川南师范学校校长王德熙调任富顺县县长，恽代英转而担任代校长。这一时期的泸州在军阀杨森的管辖之下，地方势力常常左右学校事务，对此，恽代英就任代校长之后，随即提出12条"学校公有计划"，将川南师范的改革推向了新高潮。该计划主张学校公有，成立由教师、学生代表组成的"校务会议"作为学校的管理机构，举凡学校校务各方面的大计划、学校各项款项支配计划的拟定与修改，均由"校务会议"决议。恽代英所提出的"学校公有计划"，本质上是一个系统的民主管理学校的方案，在四川教育界产生了极大的反响。

早在1921年11月，恽代英就职之初即认为，"此校比较或尚有改造之望，但设备图书仍然是大问题"。1922年暑假，恽代英携款数千元乘船东赴上海为学校购买图书、仪器。然而，恽代英在川南师范学校的改革与实践仍旧面临诸多阻碍，正如恽代英所言，"现外面反对很多，幸杨森一力翼护"，"在此，军长杨森，教育科长卢思，再加校长王德熙，都可谓好勇过我。只要他们是不倒翁，此间事本有可望"。②

然而，随着四川军阀混战的爆发，杨森的部队遭遇失败，川军第一军赖心辉部于1922年夏占领泸州，赖部旅长张挺生担任永宁道尹。为统摄泸州军民两政，张挺生发布告，"严禁男女合校，已立者一律取消""严禁女子剪

---

① 中共泸州市委党史工作委员会办公室：《恽代英在泸州》，内部资料，1987年，第25页。
② 中共泸州市委党史工作委员会办公室：《恽代英在泸州》，内部资料，1987年，第25页。

发……严禁学生教员下流演戏""停止轻俗无度各种报章",① 同时免去了卢作孚的教育科长和恽代英的代校长职务。此外,张挺生以"卷款潜逃"为由,在恽代英返回泸州后将其拘押。对此,川南师范学校的学生们通电抗议,后在王右木、吴玉章等人的多方营救下,11月8日,恽代英得以重获自由。

重获自由后的恽代英并未立刻离开学校,为了巩固刚建立不久的社会主义青年团组织,恽代英便借校方的假意挽留,继续留在泸州开展团组织的发展工作。1923年1月,恽代英辞去了川南师范学校的职务,并经重庆前往成都。临行之前,恽代英与首批入团的几名同志在忠山凉亭话别,恽代英说:"斗争就是这样,不斗争不能进步。现在青年团发展了,川南学生会成立了,革命种子播下了,但是我们真正的斗争还在后面,我们都要到革命最需要的地方去。我走了,你们也要先后离开,就此暂别。"②

在成都期间,恽代英与王右木、吴玉章等人积极进行马克思主义的宣传活动,并协助王右木开展成都社会主义青年团的活动。与此同时,恽代英根据其在四川的调查,先后撰写了《讨论中国社会革命及我们目前的任务》和《路》两篇文章,发表在青年团中央机关刊物《先驱》上。1923年夏,恽代英结束在成都的工作,前往上海工作。

恽代英对马克思主义的吸收

中国早期信仰马克思主义的群体可以分为三种类型,即五四运动以前的新文化运动的精神领袖,五四运动的左翼青年骨干以及一部分原中国同盟会会员、辛亥革命时期的活动家。五四运动的左翼青年骨干中,恽代英

---

① 中国人民政治协商会议四川省委员会文史资料研究委员会:《四川文史资料选辑(第二十八辑)》,四川人民出版社,1983年,第77页。
② 中共泸州市委党史工作委员会办公室:《恽代英在泸州》,内部资料,1987年,第18页。

即是代表。马克思主义在四川的早期传播中，恽代英起到了重要作用，周恩来曾赞誉其为"中国青年热爱的领袖"。①

十月革命一声炮响，为中国送来了马克思主义。新文化运动后期，马克思主义开始在中国逐渐传播开来。随着五四爱国运动的进行，中国思想界出现了空前活跃的局面，一大批进步青年开始探索国家出路，初步具有共产主义思想的知识分子如雨后春笋般涌现，恽代英即其中杰出的代表。受家庭环境熏陶，早在青少年时期，恽代英即已阅读《饮冰室文集》与《纲鉴易知录》，深受梁启超、谭嗣同等爱国志士的影响。恽代英曾用"中流击楫""揽辔澄清"来形容青少年时期的自己。② 1913年，恽代英进入武昌中华大学学习，由于辛亥革命后民主共和观念深入人心，兼之，随着新文化运动的兴起，思想界"百家争鸣，百花齐放"，恽代英逐渐被社会主义思潮中的工读互助主义、无政府主义、新村主义等吸引。这一时期，恽代英的思想整体上趋新，但并没有核心的主义信仰，正如恽代英后来自己所回忆的那样，"那时候，我们并没有真正主义的信仰"。③

新文化运动后期，恽代英逐渐开始接受马克思主义，其世界观的转变得益于陈独秀、刘仁静、林育南等人的帮助。1920年，堪称恽代英思想的重要转变期，他的《怎样创造少年中国？》初步展现了其唯物史观素养，认为"道德是随经济演化而演化的"。④《驳杨效春君"非儿童公育"》《再驳杨效春"非儿童公育"》两篇文章中，恽代英认为，"独身与犯罪，都是经济压迫的结果""儿童公育，只是全局改造的一部分"。⑤ 与此同时，

---

① 《为恽代英牺牲十九周年题词》，载中共中央文献研究室第二编研部：《周恩来题词集解》，中央文献出版社，2012年，第104页。
② 恽代英：《敬告从歧路自拔归来的青年（1927年1月8日）》，载恽代英：《恽代英全集·第九卷》，人民出版社，2014年，第22页。
③ 葛仁钧：《中共党史若干问题研究》，辽宁大学出版社，1991年，第268页。
④ 恽代英：《怎样创造少年中国？（上）》，《少年中国》，1920年第2卷第1期，第1～26页。
⑤ 恽代英：《驳杨效春君"非儿童公育"（1920年4月18日）》，载恽代英：《恽代英全集·第四卷》，人民出版社，2014年，第18～25页；恽代英：《再驳杨效春"非儿童公育"》，载恽代英：《恽代英全集·第四卷》，人民出版社，2014年，第73～100页。

1920年4月,恽代英在致少年中国学会会员的一封信中,便将"马克思及其学说""唯物史观""布尔塞维克"等列入《少年中国学会丛书》专题研究项目的主要内容。①

既然是思想的转变期,难免有多种思潮的碰撞。1920年10月,恽代英撰写了《未来之梦》一文,认为应使用教育、实业等局部改造的改良手段来改造社会,而不是采用暴力革命的方法。② 这种渐进式的改良手段并不符合当时的实际情形,对此,陈独秀、刘仁静、林育南等均对恽代英的观点提出了意见。1920年底,陈独秀即撰文对恽代英《未来之梦》一文提出批评,认为在旧的经济制度未被推翻之前,个人或团体改造社会只是"痴人说梦"。③ 同时,恽代英的好友刘仁静也致信提出批驳意见,强调中国的社会革命不能采取英国式的渐进方式。④ 1921年,林育南两次致信恽代英,强调和平运动与激烈运动必须并用,认为恽代英所坚持的以工读互助为形式的"靠共同生活的扩张"实现社会主义的理想终究只是个梦。⑤

在陈独秀、刘仁静给予帮助的同时,恽代英对马克思、恩格斯、考茨基等人的著作进行了深入的阅读与翻译,对马克思主义的理解逐步加深,这既增进了恽代英对马克思主义理论的认可,也推动了恽代英自身马克思主义信念的树立。1920年10月,恽代英节译了《家庭、私有制和国家的起源》一文,以《英哲尔士论家庭的起源》为名刊登于《东方杂志》。⑥ 在《译者志》中,恽代英亦对恩格斯进行了专门介绍,以促进国人对恩格斯生平与思想的了解。其后,受陈独秀委托,恽代英翻译了考茨基的《阶级

---

① 恽代英:《致少年中国学会同人》(1920年4月20日),载恽代英:《恽代英全集·第四卷》,人民出版社,2014年,第38~39页。
② 恽代英:《未来之梦》,载恽代英:《恽代英全集·第四卷》,人民出版社,2014年,第231~249页。
③ 陈独秀:《关于社会主义的讨论》,《新青年》,1920年第8卷第4期,第4~27页。
④ 刘仁静:《致恽代英的信》,载中共一大会址纪念馆:《中共一大代表早期文稿选编(1917.11—1923.7)·下册》,上海人民出版社,2011年,第1129页。
⑤ 李良明,钟德涛:《恽代英年谱》,华中师范大学出版社,2008年,第187页。
⑥ 恽代英:《英哲尔士论家庭的起源》,《东方杂志》,1920年第19号,第50~56页。

争斗》一书，进一步向大众宣传马克思主义的阶级斗争学说。该书的翻译在中国首次全面地介绍了马克思主义的阶级斗争学说，对毛泽东、周恩来、董必武等一大批先进分子转变为马克思主义者产生过重大的推动作用。毛泽东曾回忆道："我第二次到北平时，我读了许多关于苏联的事情同时热烈地寻找当时中国所能见到的一点共产主义书籍。三本书特别深印在我的脑子里，并且建立了我对于马克思主义的信仰，我一旦接受它是历史的正确解释后，此后丝毫没有动摇过。"这三本书即有恽代英所翻译的《阶级争斗》。在此基础上，毛泽东认为："我在理论上和某种程度的行动上，变成了马克思主义者并且自此以后，我自认为是一个马克思主义者。"①

在李大钊所创办的少年中国学会的指引下，恽代英的世界观得以转变，迅速接受了马克思主义真理，树立了自己的马克思主义信仰，并迅速成长为一名坚定的马克思主义者。之后，恽代英便将介绍马克思主义及其学说的图书列为社会急切需要的26种书的首位。恽代英接受马克思主义，从一开始就不是把它当作单纯的学理来探讨，而是把它作为观察国家命运的工具。他注重运用马克思主义理论观察中国革命的现实问题，初步开始了马克思主义中国化的探讨。1922年6月，恽代英撰写的《为少年中国学会同人进一解》一文明确指出，"旧社会的罪恶，全是不良的经济制度所构成。舍改经济制度，无由改造社会"。对于改造社会所凭借的力量，恽代英认为，"群众集合起来的力量，是全世界没有刻意敌对的"，"劳动者，集合起来，占优势的资本家，不能不屈服"，并认为"赤俄革命的成功，这亦是普遍眼著的事实"。② 同年9月，恽代英在《民治运动》中旗帜鲜明地宣传阶级斗争学说，强调"社会的凝结"是不能靠讲道理的，而是"要

---

① ［美］斯诺等：《早年毛泽东：传记、史料与回忆》，生活·读书·新知三联书店，2011年，第21~22页。

② 恽代英：《为少年中国学会同人进一解》，《少年中国》，1922年第3卷第11期，第18~24页。

鼓吹反抗强权的学说，引他们向各种黑暗的势力宣战"。① 恽代英还在《中国青年》上发表了《革命势力与反革命势力》《我们的战略》等革命文章，号召革命青年参与反帝斗争，同时指导他们一定要认清当前革命局势，分清革命的"伴侣"和"仇敌"，坚决进行阶级斗争。由此，恽代英已经充分认识和接受了唯物史观，认为要依靠民众的力量来消灭压迫和剥削，从而在根本上改造社会。恽代英经过对马克思主义的深入研究和与其他学说的认真比较，最终选择以无法避免的阶级斗争的方式实现自己的理想，通过无产阶级专政的阶段最终达到无阶级、无政党、无国家的共产主义社会。

恽代英旅川期间对马克思主义的传播

在马克思主义传播过程中，其三个主要组成部分的接受进度是不同步的。整体而论，唯物史观是最先被传播与接受的重点，其次才是剩余价值理论和科学社会主义。② 故而，中国先进知识分子在接受与传播马克思主义的过程中，早期均存在着一个马克思主义与非马克思主义杂糅的阶段。随着中国先进知识分子对马克思主义的深入了解，其思想中的非马克思主义与认知渐趋被推翻，并逐渐转变为真正意义上的马克思主义者。伴随一批先进的知识分子接受了马克思主义，并转变为马克思主义者，他们也走上了传播与实践马克思主义的道路。恽代英是传播与实践马克思主义的先行者，其在旅居四川的两年间，便将马克思主义的传播与实践进行了结合。

---

① 张注洪，任武雄：《恽代英文集（上卷）》，人民出版社，1984年，第342页。
② 李新，陈铁健：《伟大的开端》，中国社会科学出版社，1980年，第213页。

20 世纪初，四川地区逐渐具备了传播马克思主义的条件。① 一方面，保路运动、军阀纷争，使得四川的先进分子开始寻求救国救民的新道路，即"从前的一套革命老办法非改变不可，我们要从头做起"。② 随着资产阶级民主革命的进行，《民报》《革命军》等革命期刊先后传入四川，民主、共和等观念逐渐为先进知识分子所接受，如此则为马克思主义在四川的传播创造了思想条件。此外，自清末筹办"新政"，新式教育得以在四川推行。1911 年，四川全省新式教育中，有男生学校 11224 所，学生 338078 名；女生学校 163 所，学生 5660 名；另有教员 15291 人。③ 此外，20 世纪初兴起的留法勤工俭学运动，则为马克思主义在四川的早期传播提供了人才储备，即"从长远的巨大作用看，这批爱国新志士不仅找到了救国救民、振兴中华的真理马克思主义，而且为领导中国革命走向胜利道路的核心力量中国共产党的建立作出了巨大贡献"④。

"一步实际行动比一打纲领更重要。"⑤ 1921 年是恽代英转变为马克思主义者的关键一年，他在转变为马克思主义者后，走上了积极宣传与实践马克思主义的道路。一方面，是四川已逐渐具备了传播马克思主义的条件，而另一方面，随着恽代英、王右木、吴玉章等先进分子对马克思主义的吸收，其在转变为马克思主义者的同时，也逐渐走上了传播与实践马克思主义的道路。

早期马克思主义的传播，离不开相应的组织依托。恽代英在湖北的时候，即通过组织"互助社""利群书社"宣传先进思想，对青年群体进行知识启蒙。从互助社、利群书社的名称即可看出，这一时期，恽代英的思

---

① 崔发展，刘鑫：《马克思主义在四川的早期传播论析》，《惠州学院学报》，2019 年第 4 期，第 39~44 页。
② 李新：《吴玉章回忆录》，中国青年出版社，1978 年，第 109 页。
③ 隗瀛涛：《四川近代史》，四川省社会科学院出版社，1985 年，第 290 页。
④ 隗瀛涛：《四川近代史》，四川省社会科学院出版社，1985 年，第 688 页。
⑤ 《给威·白拉克的信（1875 年 5 月 5 日）》，载中共中央马克思恩格斯列宁斯大林著作编译局：《马克思恩格斯选集·第三卷》，人民出版社，1972 年，第 3 页。

想主要停留在互助主义。但上述社团致力于传播新思想，马克思主义也在传播的范围之内。1921年7月，恽代英与湖北进步青年在黄冈秘密成立的"共存社"，则已经具有了共产主义的色彩。共存社的宗旨即是"企求阶级斗争"和"劳农政治的实现"，并"达到人类共存"的目的。①

在四川，恽代英继续利用组织社团的形式宣传马克思主义。1922年5月5日是马克思诞辰日，恽代英在川南师范学校的学生和青年教师中组织成立马克思主义研究会，同时，建立了中国社会主义青年团组织。在恽代英的布置下，余泽鸿、张霁帆等6名学生齐集在忠山的凉亭内，秘密召开重庆社会主义青年团的成立会议。恽代英向团员们提出了明确的任务，即整顿川南师范、团结组织进步学生、开展宣教工作等。② 同年，恽代英还鼓励南通师范学校的先进青年学生成立晨光社，指导他们学习《共产党宣言》《共产主义ABC》《共产党礼拜六》《资本论入门》《唯物史观》《俄国革命纪实》《社会科学概论》等，宣传马克思主义理论。1922年，被军阀逮捕并重获自由后，恽代英在川南师范学校、泸州中学等校学生中组织读书会，向进步青年讲授马克思主义基本原理。与此同时，恽代英还组织了进步团体学行励进会，选择积极分子加入社会主义青年团。基于此，曾在川南师范学校就读过的吴玉章先生在《川南泸州师范建校六十周年》一诗中，盛赞"代英高亮节，更树马列根"。

---

① ［美］爱德华·W. 萨义德：《人文主义与民主批评》，中央编译出版社，2017年，第160页。

② 李元杰：《恽代英同志在泸州建立的第一个SY支部》，载中国人民政治协商会议四川省泸州市委员会文史资料工作委员会：《泸州文史资料选辑·第一辑》，内部资料，1983年，第112页。

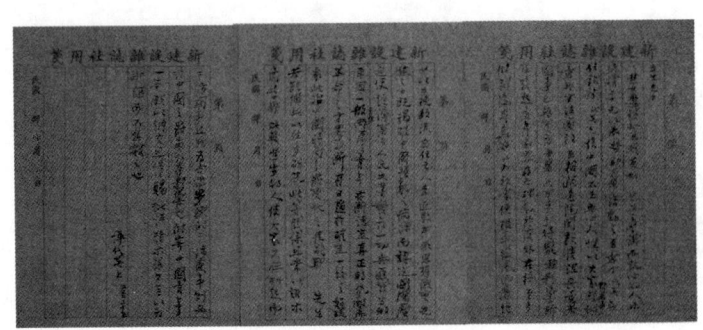

恽代英手稿①

恽代英对先进思想的传播并未局限于学校场域,而是不断借助学生与青年教师的力量,扩大马克思主义与革命、爱国思想在社会上的影响。1921年年末,恽代英在师生中倡议组织旅行讲演团,1921年1月上旬,恽代英率领旅行讲演团自泸州出发步行百余里,在隆昌进行了第一次演讲,重点宣传了五四运动的革命精神,宣传新文化运动,鼓励青年要善于学习、勇于斗争。随后,讲演团又来到自贡大山铺,恽代英以通俗易懂的语言讲述了国内外形势,揭露了鸦片战争以来帝国主义对中国的侵略,宣传中国人民前赴后继的英勇斗争。在富顺,恽代英向学生们讲解了戊戌六君子的英勇事迹。在合江,恽代英向民众讲解了只有采用革命手段,才能推翻旧的经济制度以改造社会的道理。短短一个月,旅行讲演团在川南九县境内,行程千余里,讲演二十多次,宣传了爱国主义与反帝反封建的思想,唤起了民众的觉悟,传播了马克思主义,为川南地区革命斗争的开展创造了良好的思想基础。②

马克思主义的传播史,同时也是马克思主义的接受史。恽代英到成都后,继续积极联络进步青年,宣传马克思主义,传播革命火种。后来在土

---

① 党跃武、陈光复:《川大记忆:校史文献选辑·第四辑》,四川大学出版社,2011年,第55页。

② 中共泸州市委党史工作委员会办公室:《恽代英在泸州》,载中共泸州市委党史工作委员会办公室内部资料,1987年,第8~10页。

地革命战争期间,担任中共四川省委书记的刘愿庵,即曾参加恽代英所组织的进步社团学行励进会,并在与恽代英的交往中逐渐加深了对马克思主义的理解,先后加入青年团与共产党,成为四川地区的党团骨干。① 1923年5月6日,恽代英受邀于西南公学给学生讲授马克思主义理论。后来成为革命烈士的邹进贤,便是在听完恽代英的演讲后,由恽代英介绍入团,并投身社会改造活动。② 王右木曾提及,成都的"马克思读书会"在恽代英到来后,"为之一振","彼本能讲书者,颇能引动一般崇拜名士者之拜倒……彼之赤诚热情,亦可感也"。③ 由此可见,旅川期间,恽代英通过向进步青年宣传马克思主义,点燃了革命火种。有论者指出,恽代英来到四川,"可以说对四川尤其是川南革命力量的发展与整合起到了极重要的推动作用"。④

恽代英在西南地区传播马克思主义的实效

恽代英在四川的时间是短暂的。自1921年10月任川南师范学校教务主任,至1923年夏结束在成都的工作,赴中国共产党创办的上海大学执教,恽代英在四川工作和生活了两年。在短短的两年间,恽代英迅速推动了马克思主义在四川乃至整个西南地区的传播。从一定意义上看,恽代英

---

① 王斌:《刘愿庵》,载中共四川省委党史委工作委员会《四川党史人物传·第二卷》,四川省社会科学院出版社,1984年,第2页。
② 曹步一等:《邹进贤烈士传略》,载中共綦江县委党史工委:《中共綦江县党史资料汇编·第一辑》,内部资料,1986年,第82页。
③ 《王右木1923年夏给施存统的两封信》,载《四川革命历史文件汇集(1922—1925)》,甲1,内部资料,1986年,第11页。
④ 刘宗灵:《从"并行不悖"到"百川归海"——四川地区早期马克思主义者的聚合之途及群体特征分析》,《兰州学刊》,2018年第4期,第20页。

旅川的两年,是其从接受马克思主义,走向传播马克思主义、实践马克思主义的两年。理论与实践相结合的过程,既提高了恽代英个人的马克思主义素养,也推动了马克思主义在西南的早期传播,并播下了革命的火种。

一方面,恽代英推动了马克思主义在四川的传播及其大众化。20世纪初,"无论在全国,还是在四川,辛亥革命前已有人介绍过马克思和马克思主义(虽然有些歪曲和误解),但征诸史实,那时马克思主义并没有传播开来,也没有出现过马克思主义信仰者"。① 十月革命后,李大钊、陈独秀逐渐接受马克思主义并走上了传播马克思主义的道路。五四运动期间,四川省内的部分报纸也开始刊发介绍和研究马克思主义的文章。五四运动后,四川出现了传播马克思主义的高潮,王右木、吴玉章等一批本地积极分子转变成马克思主义的信仰者;另外,恽代英、萧楚女等马克思主义者也将革命思想带到四川,进一步为四川早期共产主义运动的发展播下了革命的火种。

另一方面,恽代英在四川进行马克思主义的传播,培养了一批信仰坚定的马克思主义者。一批批进步青年在恽代英的指导下,纷纷走上了革命道路,成为川南各县革命活动的中坚力量。正如郭沫若所言:"代英在四川泸县做过师范工作,四川的青年受他的影响,因此也特别多。在四川那样的山坳里,远远跑到广东去报考黄埔军校的青年,恐怕十个有九个是受代英的鼓舞吧。"② 恽代英所亲手培养的首批6名团员中,有5人为革命事业而献出了生命。其中,陈泽煌创建了富顺县党团组织,并曾任中共富顺县委第一书记、中共川南特委第二书记等职务,于1930年在重庆被捕牺牲;余泽鸿跟随恽代英前往上海,曾担任中共中央组织部秘书、中共中央秘书长,于1935年在战斗中牺牲;曾润百是泸县党组织创建人之一,曾任中共泸县支部第一

---

① 匡珊吉:《马克思主义的传播与四川人民的觉醒》,《四川大学学报(哲学社会科学版)》,1983年第2期,第3~11页。

② 郭沫若:《由人民英雄恽代英想到"人民英雄列传"》,《中国青年》,1950年第38期,第21~22页。

任书记,1926年曾配合刘伯承领导了著名的泸州起义,于1928年在万县被捕牺牲。①

恽代英在四川进行马克思主义传播,推动了四川地区群众运动的高涨,为四川党团组织的建立奠定了基础。1921年,中国共产党成立,但中国共产党第一次全国代表大会是在秘密条件下进行的,部分地方的先进分子未能在第一时间加入中国共产党,而是分别组织了不同的先进社团,乃至先进党团。随着马克思主义在四川的传播,四川地区先进分子逐渐聚合,四川建团、建党的条件逐渐成熟。恽代英在川南师范的学生和青年教师中先后组织成立了马克思主义研究会和中国社会主义青年团组织。1922年至1923年间,王右木、吴玉章、杨闇公等先后组建了中国社会主义青年团成都地方团、中国共产党成都独立小组、中国青年共产党等早期共产党的地方组织。1925年,中国共产党重庆地方委员会成立。由此,马克思主义在四川的传播,为四川党团组织的建立创造了条件。② 以泸州为例,1926年,泸州即有了中国共产党的组织,恽代英培养出来的进步青年成为领导泸州乃至川南革命活动的核心力量。继"择师运动"之后,1925年至1926年间,川南地区先后爆发了"仇油事件""万案雪耻会""泸州起义"等一系列革命活动。③ 泸州成为川南地区革命的策源地,是四川乃至西南地区的革命重心之一,这一切均与恽代英在川南传播马克思主义的活动密不可分。

历史的演进并不是单一线性的,同样,马克思主义在中国的传播,不同地区、不同时段呈现出不同的发展势态。纵观20世纪初马克思主义在中国的传播,整体表现为一批进步青年在接受马克思主义后,于学习与实践中逐步向各地宣传马克思主义、实践马克思主义,并推动马克思主义的大

---

① 中共泸州市委党史工作委员会办公室:《恽代英在泸州》,内部资料,1987年,第19页。
② 崔发展,刘鑫:《马克思主义在四川的早期传播论析》,《惠州学院学报》,2019年第4期,第39~44页。
③ 中共泸州市委党史工作委员会办公室:《恽代英在泸州》,内部资料,1987年,第19页。

众化与中国化。随着马克思主义的日渐推广,恽代英在川南地区的"死水"中所激起的"微澜"渐成"波涛汹涌"之势。

  从五四运动到中国共产党成立,中国一大批先进分子逐渐掌握了共产主义思想,并逐渐转变为马克思主义者。马克思主义在中国传播的过程,也是马克思主义与中国工人运动相结合即中国化的马克思主义形成的过程。在这一过程中,恽代英承接陈独秀、李大钊等早期共产主义者对马克思主义在中国的传播,在不断的自我扬弃中完成了投向马克思主义的思想转变并成为传播马克思主义的主力旗手。恽代英是五四运动后中国先进知识分子转变历程的一个缩影,并经历了从改良主义者、资产阶级民主主义者向马克思主义者的转变。综观恽代英耀眼却又短暂的一生,他始终站在时代的潮头,引领中国青年的进步与成长,宣传马克思主义,推动中国革命的发展。恽代英在泸州、成都等地对马克思主义的宣传,与同一时期的王右木、吴玉章等人一起,共同推动了马克思主义在西南地区的早期传播。马克思主义在四川地区的早期传播,实质上是马克思主义在中国早期传播的一种样态,其迅速改变了西南地区民主革命的基本面貌,为西南地区培养了一大批坚定的马克思主义者,推动了西南地区党团组织的建立。

  中国共产党成立前后,马克思主义在西南地区的传播,是马克思主义中国化的序曲,为中国共产党之后的革命实践奠定了思想和群众基础。恽代英等中国共产党人对各种非马克思主义和反马克思主义思潮进行了质疑和批判,并在划清马克思主义与非马克思主义界线的过程中,使自身的理论得到升华,并帮助部分进步人士坚定了对马克思主义的信仰。当前,重新审视恽代英思想的转变历程及其对马克思主义在西南地区传播的贡献,对于推动马克思主义在中国的进一步传播与中国化,牢牢坚持马克思主义的指导地位,坚持道路自信、理论自信、制度自信、文化自信,应对当代反马克思主义、非马克思主义、历史虚无主义等思潮的挑战,巩固马克思主义主流意识形态的地位,进一步推进马克思主义中国化、时代化、大众化均具有重要的历史价值与现实意义。

恽代英小传

恽代英烈士①

恽代英（1895—1931），又名蘧轩，字子毅，生于湖北武昌，祖籍江苏武进。恽代英本是江苏武进的一个世家子弟，但在他十几岁时，他的家族就没落了。从中学开始，他就依靠卖文章为生；1913 年，考入武昌中华大学预科；1915 年，进入武昌中华大学文科学习中国哲学。在此期间，他参加了反对签订"二十一条"的爱国运动。俄国十月革命后，他接受了社会主义思想的洗礼，参加了五四运动，是五四运动武汉地区的主要领导人之一，在《东方杂志》《新青年》《青年进步》《妇女时报》《光华时报》等报刊上发表了许多文章，提倡民主与科学，还组织了一些群众示威和罢市斗争运动。1917 年 10 月，他发起组织武汉最早、影响最大的进步团体互助社，并不断学习和宣传新思想。1920 年 2 月，他建立利群书社和利群织布厂，提倡半工半读的自修主义。1921 年 7 月，他与林育南等在湖北黄冈

---

① 党跃武，陈光复：《川大记忆：校史文献选辑·第四辑》，四川大学出版社，2011 年，第 54 页。

组织共存社，拥护社会主义和苏联。在中国共产党宣布成立之后，恽代英立即领导共存社大多数社员加入中国共产党和社会主义青年团，解散共存社。随后，他一直在川南地区任教，在四川大力学习、传播马克思主义。后来，他被派去上海负责建设中国共产主义青年团，任共产主义青年团中央委员兼宣传部部长，负责主编《中国青年》，并且在当时培养革命人士的上海大学担任教授。1926 年，恽代英任广州黄埔军官学校政治总教官，教授政治学、政治工作等课程，与以蒋介石为首的反革命逆流作斗争。

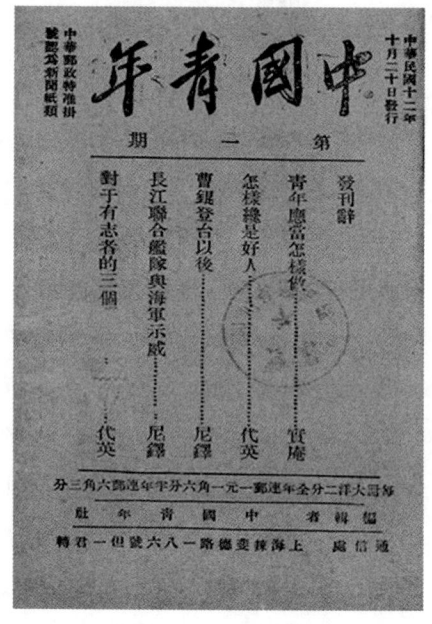

恽代英主编《中国青年》

1930 年 5 月，他被派到上海沪东区工作，在领导工人罢工运动时不幸被国民党当局逮捕，在 1931 年 4 月底被残忍杀害，时年 36 岁。其代表作有《教育改造与社会改造》《政治讲演大纲》《政治学概论》《恽代英文集》等。

树立信念,传播马克思主义

五四运动后期,马克思主义开始在国内传播,并逐渐被中国的先进分子所接受,而其中的典型代表就是恽代英。恽代英是一个世家子弟,受家庭环境的影响,早在青少年时期,他就已经阅读《饮冰室文集》与《纲鉴易知录》等书籍,深受梁启超、谭嗣同等爱国志士的影响。而1920年,可以说是恽代英思想的重要转变期。1920年,恽代英在《怎样创造少年中国?》一文中,初步展现了他的唯物史观素养。随后在陈独秀、刘仁静的帮助下,恽代英对马克思、恩格斯、考茨基等伟人的著作进行了深入的阅读与翻译,加深了对马克思主义的理解,进一步增进了对马克思主义理论的认可,从而逐渐树立起马克思主义信念。他与陈独秀、李大钊等先进分子一起,为马克思主义中国化创造了基本条件。首先,他们批判孔孟之道和封建礼教,解放人们的思想,为马克思主义在中国的广泛传播扫清思想障碍;其次,他们弘扬民主与科学,激发人们追求真理的愿望,为国人认识和逐渐接受马克思主义提供文化思想条件。

1921年,恽代英受邀前往四川泸州川南师范学校担任教务主任,在川南期间,恽代英在推动学校改革的同时,也为川南地区带来了马克思主义。他是早期在中国传播马克思主义的先驱之一,促进了马克思主义与中国实际相结合。他大力学习和宣传马克思主义,借助学生与青年教师的力量,通过组织夜校和旅行讲演团,扩大了马克思主义与革命、爱国思想在社会上的影响力,为马克思主义的中国化奠定了思想基础。同时,他还通过组建进步社团,创立了初步具备共产主义信仰的组织,比如创立利群书社来提高工人阶级的政治觉悟,促进马克思主义与中国工人运动的结合;组织建立共存社等马克思主义社团,为中国共产党储备了一批优秀人才;并直接促成了泸州青年团组织的建立。与此同时,恽代英也在理论与实践相结合的过程中,提高了自身的马克思主义素养,推动了马克思主义在西南的早期传播,播下了革命的火种。他作为中共早期杰出的理论家之一,发表了许多推动马克思主义中国化的理论成果，创办并主编《中国青年》《红旗》等党团机关早期刊物，为推动马克思主义中国化、时代化、大众化进行了不懈的努力；运用马克思主义经济学的基本原理，为中国新民主主义经济政策提出了科学构想等。

任职川南，建立新式教育制度

恽代英于1918年大学毕业后，留在学校担任中学部教务主任，1921年10月，恽代英接受重庆川东道尹公署秘书长陈愚生的邀请，去四川泸州川南师范学堂任教务主任。10月21日，恽代英抵达重庆，并应友人邀请分别于23日与25日在重庆联中和川东师范讲演，恽代英的讲演产生了强烈的反响，使得他在重庆一时名声大噪。

川南师范学堂创立于1901年，是清政府签订《辛丑条约》后兴办近代教育时所开设的新学堂之一，也是川南二十五县的最高学府，坐落在泸州市苏公路。虽然是新学堂，但是由于长期被军阀控制，沿袭旧制，学校仍然处于封建教育思想的气氛中，又加上经费亏空，设备简陋，学校显得暮气沉沉。

刚到泸州，恽代英就发现了学校存在的诸多问题，如学校设施不完善，住宿条件差，设计不合理，学校太小，交通不方便，书本缺乏，经费不足等。但是同时，恽代英也发现，川南地区优秀的人才十分多，川南师范学校也胜过他曾经任教的安徽宣城师范学校，此校的校风和学习氛围都十分不错，因此他认为这所学校的现状是可以改变的，有希望改造成一所培养优秀人才的好学校。

恽代英就职后，便开始对该校进行大力整顿，在地方军阀杨森和时任川南永宁道教育科科长卢作孚等的支持下，学校的面貌迅速发生转变。1922年4月，当时的川南师范学堂校长王德熙调任富顺县县长，恽代英转而担任学校的代校长，并提出了"学校公有计划"，将川南师范的改革推向了新高潮。

艰苦实干，劳苦功高

恽代英不注重外表形象，衣着朴素，看起来像乡下的土老头，许多学生一看他的样子就不愿意听他的课，但是他一上台讲演，其博学多才、观点新颖的特点就展露出来，往往第一堂课就能引起轰动。从此以后，他每次讲课，教室里都座无虚席，连后面空的地方都站满了人。在学校内，恽代英除了以马克思主义观点诠释教育学课程以外，还利用业余时间向学生宣传马克思主义和阶级斗争学说。他白天一般忙碌于上课以及参加各种会议，只有深夜才有时间进行研究工作，这样的苦研苦干精神，值得人们的崇敬。恽代英一般是步行到校的，吃的也和街边的苦力一样，有时仅仅是在捣烂的辣椒里加上一点盐。当时学校的教师，不是有名的学者、留学生，就是前清经师、翰林、进士，很少有人会这样吃饭，因此恽代英同志艰苦实干、劳苦功高的形象就深深印刻在了学校师生的心中。

从武昌中华大学中学部、宣城师范学校、川南师范学堂到国立成都高等师范学校，再到上海大学，多年的教育实践使得恽代英已经不仅仅满足于教书，而是要探寻教育改革的新观念、新途径。他在来川南师范学校前，曾发表了《拟发起新教育建设的意见书》一文，表明自己的教育观。川南师范学校的教务改革就是他改革的开端，除了引进具有新思想、新观念的教师外，他还进行了教育与行政管理制度改革，实行了新的教育标准，建立了学生自治会，增加学生的课外作业与运动，鼓励学生进行劳动与社会服务等，试行了学校公有改革政策，与四川乃至全国的教育改革遥相呼应。但是，由于军阀的强势介入，其改革最后失败了，这一点再次证明了在军阀割据下施行局部的教育改革是不可能成功的。恽代英因此坚定了以社会改造来实现教育改造的信念，并将青年学生视为民权运动和社会全部改造的生力军。恽代英的新教育观后来也影响到了吴玉章，吴玉章在学校办学中实行了新思想，推行了一系列改革，如反对重文轻理，大胆起用新人，注重社会实践，向世界学习等，这些改革措施都与恽代英的主张不谋而合。可以说,这是我党早期的无产阶级教育观的重要体现之一。

一生短暂,贡献斐然

恽代英同志的一生虽然较为短暂,可是不管走到哪里,他总是在发光发亮,让人不得不关注他。他在学生时代就十分优秀,1918年,他以第一名的成绩毕业于武昌中华大学,然后便留在学校做了中学部的教务主任。在此期间,他领导武汉学生运动,大力弘扬马克思主义。1921年,他应友人之邀到川南师范任教务主任,随后又任代校长,为川南师范这间学校的发展作出了巨大贡献,并且在川南多地开展了许多革命运动。1923年3月,恽代英应吴玉章校长之邀到成都任教,一时之间成为最受学生欢迎的老师,他的形象也深深印刻在成都高等师范学校学子的心中。1923年8月,恽代英被调往上海工作,到上海后,被任命为中国共产主义青年团中央总书记,并主编青年团的中央机关刊《中国青年》。《中国青年》在1923年创刊以后,就成为中国广大革命青年的良师益友,它宣传和组织了千百万的青年群众,投向后来一次次的大革命运动。当时全国各地的青年,特别是青年知识分子,很多都受过恽代英和他所主编的《中国青年》的革命思想的熏陶,那时候他已然成为全国青年的导师了。当时,恽代英除了在《中国青年》上发表许多的文章外,也在韩觉民主编的《新建设》杂志上,发表过一篇极长的论文。

除了担任青年团中央总书记、《中国青年》主编外,恽代英还担任国民党中央执行委员会上海执行部宣传部秘书,上海大学教授等职务,可以说是能者多劳。1926年,恽代英离开上海到了广州,任广州黄埔军校政治总教官,还曾任黄埔特委会书记,在国民党第二次全国代表大会上当选为中央执行委员。1927年,他又回到武汉,主持中央军事政治学校武汉分校的工作,后来又兼任湖北省政府委员;同年,他在党的五大上当选为中央委员。1927年的"四一二政变"之后,恽代英先后参加了南昌起义和广州起义,在南昌起义中,他担任党的前敌委员会委员、主席团成员,还兼任了许多要职，如宣传委员会主席、农工委员会委员、党务委员会委员等；广州起义时，他担任广州苏维埃政府秘书长兼《红旗日报》主笔。1928年，他任中共中央宣传部秘书长、中央候补委员，以及党报编辑委员会委员，主要负责编辑党刊《红旗》。他发表了许多文章，其中最具代表性的就是《施存统的革命理论》一文。1929年，恽代英调任中共中央组织部秘书长，协助时任部长周恩来工作。1930年，他任上海沪东行委书记，后被叛徒顾顺章告密，以致被捕，由捕房押往公安局，后来又被押解到南京，于1931年年初，在南京壮烈牺牲。

浪迹江湖忆旧游，故人生死各千秋。

已摈忧患寻常事，留得豪情作楚囚。

这是恽代英同志在牺牲之前的狱中绝笔，这首诗深深地表现了他在敌人面前的英勇顽强，对革命战友的热情怀念和对革命事业的无限忠诚与远大的信念。恽代英同志的牺牲，对于所有人来说都是非常惋惜和悲伤的，人们无不潸然泪下；同时，对叛徒顾顺章的无耻罪行和国民党反动统治者血腥屠杀的滔天罪行，令人切齿痛恨。恽代英同志的牺牲是中国革命和青年运动永远不能补偿的损失，他这样坚贞卓绝的革命的一生，给今天中国的青年朋友们留下了最光辉的模范。像恽代英这样的人，知识渊博，克己奉公，勤俭节约，不仅为青年学生做出了示范，更是为中国革命的发展作出了巨大贡献。他用他那短暂的一生为我们诠释了何为革命形象，何为马克思主义的践行者，何为共产党人。他的一生，无疑充满了灿烂与辉煌！

川大人与四川地区早期马克思主义者的聚合

川大人与四川地区早期马克思主义者的聚合

新民主主义革命初期,四川地区的进步青年们受到马克思主义理论与共产革命理念的浸润与影响,也开始尝试汇聚力量建立自己的团体组织。该地区早期马克思主义者的培育聚合与革命组织雏形的创建、拓展,均呈现出多渠道、多线索并行发展的特点。在共同理想与信仰基础上聚合起来的四川早期马克思主义者,也呈现出家庭出身、职业身份、地域来源、言行方式、目标理想等诸方面特征的相似性。职是之故,虽四川地区早期曾出现多个革命组织网络并行不悖地发展与竞相寻觅救国之路的现象,但百川归海、汇于一途,其最终均相继融入了中国共产党的全国组织结构网络与新民主主义革命的时代大潮中。

早期马克思主义者在四川的产生与聚集,始于五四运动前后的20世纪20年代初期,开创了四川新民主主义革命历史的先河。而四川地区的初期马列主义进步团体都体现出了明显的青年特征——尤其是社会主义青年团、中国青年共产党等组织的创建和发展,为四川地区左翼青年的聚集提供了重要平台。这些进步组织的成立与王右木、恽代英、童庸生、杨闇公等青年领袖的关系密不可分。

经笔者仔细梳理,20世纪20年代初,四川地区早期马克思主义者的聚合脉络,大致可区分为以王右木为中心的成都聚合群体,以恽代英为中心的川南组织网络,以杨闇公、吴玉章等为核心的中国青年共产党群体,以童庸生、杨闇公等为中心的青年革命团体,等等。这样几个相互既有区隔又有交集的革命组织,分别形成了以自己的核心人物为中心的早期马克思主义者小团体聚合群落,各群体在互助共生或互不交叉的情况下并行不悖地发展着。这是四川民主革命史上饶有趣味的一幕，对于我们认识早期地方共产主义组织萌芽与生长状态的复杂性与丰富性，是颇有助益的。目前学界对四川地方革命史与党史的专门研究，相对于其他革命中心地域研究而言尚较显薄弱。尤其是对于四川早期马克思主义者的聚集与初期革命组织的形成及其特征，进行系统梳理的相关论著更为少见。据笔者目力所及，仅看到少数对吴玉章、杨闇公、王右木等四川党史上的关键人物及早期组织进行个别讨论的文章，尚无系统梳理的研究成果出现。[①] 本章将首先对各马克思主义进步团体的形成脉络略做梳理，然后尝试对川内早期青年马克思主义群体的某些共同特征进行分析。

网格状发展：
四川地区早期马克思主义者的聚合之路

在五四新思潮的激荡之下，1920年前后，相对偏僻的四川地区也出现了一些主要由青年学生构成的进步社会团体，他们在以新思想改造社会的理念下聚集起来，主办各种新式白话刊物，如《半月》《威克烈》《直觉》等。他们宣传各种革新思潮，呼吁推翻"贪污黑暗的老世界"，向往并欲创造"光明的人人自觉的新世界"。这些主张成为当时不少新式团体的公开宣言与进步青年的口头禅。[②] 虽然许多群体或个人在其后并未转向马克思主义与苏俄式的革命道路，但这股革新风潮客观上为之后马列主义革命

[①] 管文虎：《试论中国YC团的几个问题》，《四川师范大学学报》，1989年第1期；吴达德：《吴玉章与四川"中国青年党"的创建》，《四川师范大学学报（社会科学版）》，2005年第4期；邢家强：《论杨闇公的社会主义观》，《重庆交通学院学报（社科版）》，2004年第2期；付春：《王右木：四川早期马克思主义传播和研究的先驱者》，《毛泽东思想研究》，2011年第6期，等等。

[②] 《〈星期日〉的过去与将来》，载四川省委党史工委：《五四运动在四川》，四川大学出版社，1989年，第334页。

团体的成立准备了群众基础与组织基础，使川内的趋新与进步分子开阔了眼界，得到了初步的思想锻炼。正是在这样的时代氛围下，在一些外游归蜀或是入川活动的左翼青年领袖的带动下，川中的进步青年们纷纷以这些领袖人物为核心，以或同或异的方式聚合起来，形成了一个个互有交叉、重叠又基本独立发展的地方革命组织网络。

学者应星在研究江西早期共产主义组织的构成网络时提出，依据不同的内外条件，革命理论与马克思主义团体的传播与发展，大致可分为同心圆式与网格状这两种组织扩张传递模式。[1] 相对而言，川渝地区早期青年马克思主义者的聚集与革命团体的组织扩展，更接近于应氏所言的网格状模式，即并非由一个单一的中心出发向外不断扩张，而是由多个较小的，同时也更具内聚力的小团体，分别依托于不同的资源与人际内核向外拓展而成，由此构成民主革命早期四川地区马克思主义组织网络当中的不同节点。

（一）以王右木为中心的成都早期马克思主义者聚合群体

成都地区是 20 世纪 20 年代前期西南地区的革命中心之一。围绕着四川党团创始人之一的进步知识分子王右木，成都形成了一个由革命知识青年及部分青年农工所构成的小圈子，先后培育与汇聚了不少的早期马克思主义者，为四川早年革命网络的形成奠定了坚实的基础。

作为四川地区早期党团组织主要的创始人与领袖的王右木，属于川内新青年中的老师辈。他曾于 1914 年东渡日本求学，就学于左翼学者聚集的明治大学政治经济科。在留日期间受到河上肇、山川均等日本进步学者的影响，对马克思理论初有接触，并在留学生的爱国活动中结识了后来中国共产党的创始人之一李大钊。王右木归国后于 1919 年应聘到成都高等师范学校担任学监与日文教师，并在成都女子师范学校、四川公立法政专门学

---

[1] 应星：《学校、地缘与中国共产党早期组织网络的形成——以北伐前的江西为例》，《社会学研究》，2015 年第 1 期，第 1~22 页。

校、四川公立农业专门学校等处兼课，运用新的思想影响学生。在五四运动前后，他的革命思想进一步得到深化。1920年前后，王右木前往上海待了一段时间，可能就是在这个时期，他结识了马克思主义者陈独秀、李汉俊、施存统等人，并受他们委托回川发展共产主义组织。①

因王右木特有的人格魅力及其身上浓厚的理想主义色彩，他在成都地区影响与号召了一批青年学生，并以此为基础，于1920年底在成都高师内设立了四川省内第一个以宣传与研究马克思学说为主要目的的群众组织——马克思读书会，以便"集合好读新书报者，合而一之，木以心得暗中指导，似有头绪"。后其又扩大组织，将高师校内部读书会，改为各校共通的读书会，取名为《人声》报附设者，其态度仅结合学生及工人之宣传，并非偏重学理研究及向各人脑中有效的输入也。② 童庸生、袁诗荛、刘亚雄、钟善辅、邹进贤、裴紫琚等川内早期中共骨干都曾参与此会的活动。该会持续时间较长，是成都进步青年聚合的平台与培育早期马克思主义者的重要基地。

根据与王右木相熟多年的成都高师毕业生张秀熟的回忆，读书会会址设在成都高师，每周开会一次，由王右木负责主讲，"马克思主义当时在成都已不是完全陌生，并已为少数进步知识分子所向往，但都认识朦胧，丝毫没有理论基础"。而王右木"以传教士的精神，几乎逢人便讲"，并且此时"已能根据不同对象，采取灵活宣传，启发群众自觉"，效果颇佳，以至于"读书会会员渐渐发展到三四十人，流动听讲的最多时达到百余人"。③ 该会在1922年初经过改组重建后，凝聚力更强，影响力更大，四川学生联合会中的各校代表有一半左右都参加过这个读书会。据现今保存

---

① 邓寿明：《王右木》，载中共四川省委党史工作委员会《四川党史人物传·第一卷》，四川省社会科学院出版社，1984年，第4~6页。

② 《王右木致信施存统谈马克思读书会》，载张继禄等：《中国共产党地方组织在四川的建立》，四川人民出版社，2001年，第71页。

③ 张秀熟：《四川马克思主义运动先驱者——记王右木烈士》，载四川省政协文史组：《四川文史资料选辑·第二十八辑》，四川人民出版社，1983年，第28页。

下来的该会1922年10月的一份会员名录，其成员多达48名，而且基本都是在校念书或刚脱离学校不久的知识青年。在蓉各校会员分布情况大致如下：西南公学7人，蓉城女子学校6人，高等蚕业讲习所4人，省立工专4人，华西大学2人，成都高师2人，四川公立农业专门学校1人，四川公立外国语专门学校1人，省立女子师范学校1人，实业女子讲习所1人，等等。① 可见王右木虽然任职于成都高师，但凭借其所组织的读书会使个人影响的触角几乎遍及成都各新式学校，以至于成都个别学生自发组织的青年团也主动找到王右木，要求接受其指导。②

除了积极组会外，1922年初，王右木还一手推动创办了《人声》报。这是四川第一份公开表示要"直接以马克思的基本要义解释社会上的一切问题"的刊物，战斗精神十分昂扬。③ 其存在时间虽不长，在成都及四川的进步青年中影响却不小。通过这种组会与办报相结合的方式，以王右木为中心的成都早期马克思主义者聚合群体的凝聚力与辐射力不断增强，加之进步理念及其组织形式在众人之同学、亲朋间的口耳相传、彼此介绍，革命团体的发展就如滚雪球一般，不断壮大。彼时，刚成立的成都团地委向团中央呈送的一份报告，生动地表现了蓉城青年团组织是在前期艰苦工作打下的基础之上水到渠成的结果：此地地方团未成立时，我们老早受了王右木先生的感化，因为王先生他创办了一个《人声》报社，我们有多少都是这报社的社员；又因为王先生为宣传研究起见，就在今年二月间成立了一个马克思学会，这学会感化的人也确不少。及后大家想，办报来宣传和学会来研究固然好，但是莫有一种真正做革命事业的团体，这真精神，终究不能结合来实（际）施行，不过空谈罢了，所以想结合团体的心理，

---

① 《成都马克思读书会会员录》，载中央档案馆，四川档案馆：《四川革命历史文件汇集(1922—1925)》甲1，内部资料，1986年，第21~23页。
② 阳翰笙：《风雨五十年》，人民文学出版社，1986年，第53~54页。
③ 张继禄：《中国共产党四川历史大事记（民主革命时期）》，四川大学出版社，1997年，第21页。

就在今年夏季勃然而生。① 于此，既可见西南地区已初步成形的青年马克思主义群体从办报宣传到学会研究，再到组建具备实践性与约束力的革命团体之聚合路径的形成过程，也可看到王右木在四川早期共产主义组织创立发展过程中的核心和灵魂作用。

  通过当时其他四川青年的回忆资料也可以看到，王右木以强烈的自觉意识向身边的青年学子们传播灌输马列主义革命理论，渐渐形成一个以自己为中心的影响广泛的四川早期马克思主义者社群。如信奉无政府主义的半月社核心成员吴先忧回忆：当时成都高等师范学校学监王幼（右）木先生（成都最早宣传马克思主义者）办有一《人声》周刊宣传马克思主义。王先生主动约我们去座谈一个通夜，希望我们共同来宣传马克思主义。但我们以先入为主的成见，又以对马列主义的无认识，反以为要无政府主义才更彻底而未接受，便以各行其事、并道而驰结束了我们那一夜的论辩。② 他更以极大的热情屡屡向之前未曾谋面的追寻新文艺的"浪漫派青年"林如稷等宣传马克思派社会科学理论，以至于这群文艺青年对这位总是滔滔不绝的中年"怪人"抱持敬而远之的态度。③ 虽然王右木未曾说服吴先忧、林如稷等人，但袁诗荛、张秀熟、钟善辅、廖恩波、裴紫琚等就学于省城的青年学生骨干，却在他的影响下逐渐脱离了无政府主义与其他思潮的影响，先后走上信奉马列学说与共产主义理论的人生道路，并成为四川民主革命运动的先行者。④

---

  ① 《团成都地委向团中央的报告——关于团地委的成立情况》，载四川档案馆：《四川革命历史文件汇集（1922-1925）》甲1，内部资料，第41页。
  ② 《王右木同志资料散辑》，载四川省政协文史组：《四川文史资料选辑（第28辑）》，四川人民出版社，1983年，第56页。
  ③ 林如稷：《我认识的第一个共产党人》，载中共江油市委党史研究室：《四川马克思主义运动选驱者——纪念王右木诞生一百周年》，四川大学出版社，1988年，第189页。
  ④ 盐亭县委党史办公室：《袁诗荛》，载中共四川省委党史工作委员会：《四川党史人物传（第二卷）》，四川省社会科学院出版社，1984年，第42~58页；张秀熟：《四川社会主义青年团的建立前后》，载中国社科院现代史研究室等：《"一大"前后》（二），人民出版社，1980年，第495~501页；刘弄潮：《从成都社会主义读书会到社会主义青年团》，载张继禄：《中国共产党地方组织在四川的建立》，四川人民出版社，2001年，第357~360页。

除了作为成都地区青年团组织的创建者,王右木后来又在1923年秋发起、成立了四川最早的一个党组织——中共成都独立小组。该组织最早的一批党员,也是从王右木发展的青年团员中择优转党的,比如早期四川工人运动中的佼佼者梁华、钟善辅等人即是如此。① 由此可以看出,四川早期马克思主义者的培育与聚集,以及川内早期中共党团组织的建立,都离不开王右木这样的导师型人物的号召与引领。

(二)以恽代英为中心的川南地区早期马克思主义者聚合群体

除了王右木外,中共早期活动家暨著名青年领袖恽代英对四川早期马克思主义者的培育与聚合也是功不可没的。恽代英应友人之邀,于1921年10月底赴泸州川南师范学校任教务主任。恽代英入川时虽然还不是中共党员,但已是一个信仰方向明确的马克思主义者,且具有严格自律的生活方式与强烈的人格感染力,往往易使周边青年受其言行影响。② 他的到来,对四川尤其是川南的革命力量的发展与整合起到了极重要的推动作用。

刚至泸州,恽代英在致友人书信中即认为,川南地区"真可谓济济多贤",川南师范虽然条件极差,但是"校内气象颇好",胜过他曾经任教的安徽宣城师范学校,因此"此校比较或尚有改造之望"。③

到泸后,恽代英就利用在武昌组织互助社、利群书社等多个五四式青年进步社团的丰富经验,在校内发起、组织了诸多学术、思想类学生团体,如社会科学研究会、通俗讲习所等,组织青年学生阅读进步书刊,探讨救国救民的道路。1922年5月5日,恽代英在川南师范学校主持成立了

---

① 梁国龄:《关于四川党组织情形的回忆》,《四川现代革命史研究资料》1981年第2期,第13~16页。
② 廖焕星:《武昌利群书社始末》,载张允侯等:《五四时期的社团(一)》,三联书店,1979年,第202~207页。
③ 恽代英:《致杨效春》,载恽代英:《恽代英文集(上卷)》,人民出版社,1984年,第317页。

马克思主义研究会，先后吸引了数十名校内外师生参与。在此基础上，其紧接着又成立了学行励进会，骨干成员有余泽鸿、陈江、张霁帆、曾润百等进步学生。借助这些团体，恽代英首先利用自己在武昌组织青年修身养德的方法，指导团结在自己周围的这些知识青年进行自我学习、自我修养的锻炼；然后，逐步对他们进行政治启发，通过为他们讲解考茨基的《阶级争斗》、河上肇的《共产主义ABC》等较浅显的理论知识，再结合自身生活经历中的感悟，促成他们的阶级觉悟与革命思想。①

此外，更重要的是，恽代英是一位擅长将理论与实践相结合，在实际生活中去启发身边青年情感与理论觉悟的早期马克思主义者。例如，他不仅在生活中俭朴律己，以身作则，对学生平等相待，而且常常带领学生深入基层社会做调研与宣讲活动。恽代英到川南师范任职的当年寒假，即率领该校数十人组成的师生巡回讲演团，遍赴川南地区泸州、宜宾、自贡等地的十余个县份进行社会调查和革命宣传，启发了不少怀揣救世热忱的地方知识青年。②

此后不久，团中央从上海寄来了书面通知，要恽代英在泸州发展社会主义青年团的组织，并由团中央书记施存统和他直接联系。于是，恽代英在马克思主义研究会与学行励进会的基础上，陆续发展成员，筹备成立川南最早的青年团组织。1922年9月，泸州社会主义青年团正式建成。这为在四川发展革命力量，大规模建立党团组织打下了一定的基础。③

恽代英能在川南发挥如斯的影响，与此时该地区的外部政治环境有一定的关系。当时驻防川南并兼任道尹的军阀杨森，素来以趋新求异相标榜，其高调提出了建设"新川南"的口号，任用少年中国学会会员卢思（即卢作孚——引者注）主管川南道的教育文化事项。卢氏不仅曾代表杨

---

① 张羽等：《恽代英传》，中国青年出版社，1995年，第298页。
② 张济民：《忆恽代英同志在川南师范》，载人民出版社编辑部：《回忆恽代英》，人民出版社，1982年，第284~288页。
③ 李良明：《恽代英年谱》，华中师范大学出版社，2006年，第201页。

森赴重庆，邀约在渝讲学的学者陈启修、陶孟和、高一涵等人赴泸演讲①，更是主持聘任了王德熙、恽代英、穆济波等一批少年中国学会成员至川南师范学校任要职。因此，地方当局对恽氏诸人在校内外的进步活动并没有太大限制。②正如恽代英所言："在此军长杨森，教育科长卢思，再加校长王德熙都可谓好勇过我。只要他们是不倒翁，此间事本有可望。我现已拟定将此校单纯养成小学教师，同时为社会运动家。以后训育教授，尽可能的范围而改进。再利用军力、官力办第二部，办讲习所，建新校舍，创设各县小学，施行强迫教育，加增小学教师经费，宣布服务成绩好的奖励（杨、卢均有些这一类的计划），则川南以改造教育、改造社会或竟闹得成功。此不能说非'利用已成势力'。"③

不过，杨森因在军阀战争中战败而被逐出泸县及周边地区，地方局势发生根本性变化后，恽代英亦曾一度因被人构陷而身陷囹圄。幸而恽代英因川中进步势力声援而获保释出狱，其后于1923年春转赴成都，先在西南公学兼课，后又兼任成都高师的讲师。此番转赴蓉城，恽代英也并非孤身一人。他率领受其影响的川南进步青年张霁帆、余泽鸿、穆世济、钟心见等一起组成的旅行读书团，从泸州出发途径重庆步行到成都。此行跟随恽代英赴蓉的川南地区的青年团员，很快与成都地区的青年团在组织上融合在一起，不少人在此后成都青年团组织的发展过程中还起到领导的作用。如余泽鸿、张霁帆等人都进入了成都青年团的执行委员会，还先后担任过候补执委及执委会书记等职。④

恽代英到成都后，继续利用自己熟知的方法联络知识青年组织了学行

---

① 《来川学者陆续赴泸》，《国民公报》，1921年8月15日。
② 李畅培：《恽代英在四川活动述略》，载《中国共产党地方组织在四川的建立》，第431页。
③ 恽代英：《致杨钟健》，载恽代英：《恽代英文集（上卷）》，人民出版社，1984年，第322~323页。
④ 《王右木给刘仁静、林育南的信——关于成都团的改选（1923年11月）》，《四川革命历史文件汇集》甲1，内部资料，第140页。

励进会、蓉社等团体,以聚合力量、播撒火种。土地革命战争中曾任四川省委书记的刘愿庵,就是通过参加进步社团活动,在与恽代英等人交往逐步加深的过程中,加入了青年团,后又入党,成为四川地区的党团领袖骨干。①

再如,1923年5月6日,也即马克思诞辰次日,恽代英受邀于西南公学给学生讲授马克思主义基本理论。后来成为革命烈士的读书会成员邹进贤听讲后,在他的日记中写道:"今日会恽代英先生于西南公学。余所希望事,君皆承诺。其人格为吾侪模范之处甚大。"②邹进贤紧接着便被恽代英介绍入团,投身于社会改造活动。③ 王右木亦认为马克思读书会在恽代英来后"为之一振","彼本能讲书者,颇能引动一般崇拜名士者之拜倒……彼之赤诚热情,亦可感也"。④ 恽代英在四川通过对青年进行马克思主义的理论熏陶与向上的人格陶冶、品行锻炼,团结了一批追求进步的知识青年在自己周围,很快就构建起一个早期马克思主义者在泸州、成都等地的聚合平台与组织网络。

(三)以吴玉章、杨闇公等为核心的"中国 YC 团"聚合群体

四川地区早期马克思主义者聚集的另外一个渠道,就是在中共党史上曾一度被忽略的"中国 YC 团"。该团体的建立与成立之初的成都社会主义青年团组织内部状况的不稳定乃至分裂紧密相关。新创建的成都团组织部分骨干成员,因为对马列主义革命理论与组织原则的认识体会深浅不一,

---

① 王斌:《刘愿庵》,载中共四川省委党史工作委员会:《四川党史人物传(第二卷)》,四川省社会科学院出版社,1984年,第2页。
② 李良明:《恽代英年谱》,华中师范大学出版社,2006年,第215页。
③ 曹步一等:《邹进贤烈士传略》,载中共綦江县委党史工委:《中共綦江县党史资料汇编·第一辑》,内部资料,1986年,第82页。
④ 《王右木1923年夏给施存统的两封信》,《四川革命历史文件汇集(1922—1925)》甲1,内部资料,1986年,第114页。

加之众人性格、作风、经历均存在歧异，以致造成了诸多矛盾，出现了互相指责与不断分化的现象。①

1923年，曾任成都青年团执委会第一任书记的童庸生，与此前不久已到成都活动的潼南籍青年杨闇公相识，二人往来密切。杨闇公此时正萌生寻求同道以澄清社会、改造国家的强烈愿望。他在日记中反复表达着这样的志愿："吾国近来的政治中枢已失，如要望这一般幸运儿整治清平，真是俟河之清！这种责任，完全在我们自己身上，还能够旁贷吗？奋力前进，必有达目的底一天。今后当注意同志的学识，择优秀份子为中坚的骨干，因群众运动非有中坚人物不可！"② 杨闇公在与童庸生、吴玉章、刘伯承、陈紫舆等人结识后，关系日益紧密，常在一起谋思如何另起炉灶，在成都地区先建立一个以马克思主义为指导的、内部紧密联合的革命团体，然后将其普及于全国。在筹建 YC 团的过程中，童庸生毕业后赴渝工作，不过仍与杨闇公和 YC 团保持着密切的联系。

中国 YC 团的另一重要参与者，同盟会元老吴玉章时任成都高师校长，思想进步，不久前其因为自治运动的失败而大受刺激，又受进步思潮影响，此时正思组织具有铁的纪律的"列宁的、斗争的、革命的党"。③ 吴玉章在回忆中也曾阐述道："1922年我被聘为成都高等师范学校校长，在这里能乐育英才，又有秘密的社会主义青年团的组织，因我年龄不合不能加入青年团。"④ 于是他便和杨闇公等人另谋出路。

对于成立何种团体、秉持何种主义的问题，杨闇公与郭祖劼、傅双吾、吕渺崖、吴玉章等人曾反复讨论过许多次。杨闇公在日记中对此有细

---

① 刘宗灵：《中共早期地方组织发展过程中的困境与突破——以四川地区为例》，《电子科技大学学报（社科版）》，2016年第3期，第54~58页。
② 杨绍中等：《杨闇公日记》，四川人民出版社，1979年，第28页。
③ 《吴玉章略传》，载中共四川省委党史工委：《吴玉章文集（下卷）》，重庆出版社，1987年，第1302页。
④ 吴玉章：《六十自述》，载中共四川省委党史工委：《吴玉章文集（下卷）》，重庆出版社，1987年，第1286页。

致的记载,他曾谈到对四川青年的观感:"川中学生有具体研究的很少,受一时冲动,或别有用意的颇不乏人,所以我很不愿与之合作。"但因情势所逼,又不得不出来团结同志,组织团体,以勾画未来,"鉴于各方情势,又非出而奋斗不可,兼又得庸生等为助,更应从事奋进。于是各方择选,得同志十余人,拟组织一同盟会。"①

1924年1月12日,中国YC团正式在成都杨闇公的寓所中成立,制定了章程与纲领,选举了吴玉章、杨闇公、刘仲荣、张保初等人为负责人。这是一个独立存在的信奉马克思主义学说的政党性组织。该组织成立不久就筹办了机关报《赤心评论》,并以赤心评论社作为YC团的外围公开组织。② 这个重新聚合而成的小团体,也成为汇聚于蓉城的部分早期马克思主义者们宣传理念、实践理想的平台与桥梁。根据目前资料来看,YC团与成都青年团(SY)的人际关系既有交叉,也有区别。前者联络的更多是社会职业青年,后者初期则局限于大、中学生的圈子里。

中国YC团成立不久,又组织成立了社会主义研究会,至于其目的,杨闇公在日记中讲得很明白,"将社会主义主义研究会成立,以便罗致人才",也就是要将之作为吸引培育进步青年的外围团体。这个新的学会,在当年4月13日成立了。其成立大会上聚集了各界青年约70余人,令YC团成员十分受鼓舞,"更可喜者,有职工五人也来参加此会,足见被压迫而欲待救于人的,也因自身的关系出而奋斗了。此后善于指挥,会内必能物色些人才来。"③ 由此可见,甫经成立的YC团,也走上了与其他各种进步社会力量合作互动,动员工农贫民等底层民众参加革命的道路。对此,吴玉章的回忆也可为佐证:"……当时四川与外边交通断绝不知道中国共产党已经成立,我就与杨闇公同志等二十几人秘密组织'中国青年共产

---

① 杨绍中等:《杨闇公日记》,四川人民出版社,1979年,第28~29页。
② 中共四川省委党史研究室编:《中国YC团(中国青年共产党)》,重庆出版社,1997年,第5页。
③ 杨绍中等:《杨闇公日记》,四川人民出版社,1979年,第81页。

党',发行《赤心评论》杂志,组织工会、农会。"①

值得注意的是,虽 YC 团诞生的部分原因是与成都青年团领袖王右木意见不合,但二者后来的合作还比较紧密,堪称并行不悖、并驾齐驱。如双方与其他团体一起合作组织了蓉城史上第一次"五一"纪念大会及追悼列宁大会,杨闇公、郭祖劼、黄均尧等 YC、SY 的重要人物均出席大会发表演讲。② 之后,双方一起在成都合组工人夜校、反帝国主义同盟等团体,在活动上日益交叉融合。③

YC 团成立不久,出于新掌权的军阀政治压迫的缘故,吴玉章、杨闇公等领导骨干先后离开成都,转赴京沪等地。杨闇公在 1924 年 9 月回渝,加入了老友童庸生等人主持的重庆社会主义青年团。吴玉章则于 1925 年 4 月至北京后,在当地经由赵世炎、童庸生等人介绍加入了中国共产党。在吴、杨等人的推动下,几经周折后,中国 YC 团最终宣告解散,部分成员加入了当地的中共党团组织,汇聚于不同平台的马克思主义者们最终也先后融入了民主革命的洪流中,"在思想发动和干部培养上均为四川建党作出了积极的贡献。"④

除了上述几条川内早期马克思主义者聚合发展的线索外,于 1922 年与 1923 年之交在四川地区较早建成青年团组织,并具备一定独立性的区域,则当以重庆、内江等地为代表。这些区域从本质上说也是前面若干线索触角的延伸,体现了四川激进青年组织化路径的多样性与丰富性。

例如,童庸生、杨闇公等原成都青年团或 YC 团的主要人物抵渝后先

---

① 吴玉章:《六十自述》,载中共四川省委党史工委:《吴玉章文集(下卷)》,第 1286 页。
② 《团成都地委致团中央的报告——"五一"纪念和追悼列宁情形等(1924 年 6 月 30 日)》,载《四川革命历史文件汇集(1922—1925)》甲 1,内部资料,第 169~170 页。
③ 《团成都地委给团中央的信——工人教育、反帝同盟及 YC 等情况(1924 年 12 月)》,载中共四川省委党史研究室等:《中国 YC 团(中国青年共产党)》,重庆出版社,1997 年,第 100 页。
④ 四川省委党史研究室:《中国共产党四川历史(第一卷)》,中央文献出版社,2009 年,第 51 页。

后加入了重庆青年团,并主导其事。① 在他们的努力工作下,重庆青年团在1924年,正式获得了团中央的承认。在此之后,重庆的革命运动加速发展,重庆青年团逐渐成为在川早期马克思主义者们的重要汇聚地与大本营,乃至最后重庆取代成都成为四川大革命时期的中心区域。②

内江地区先后发展了20余名青年团员。内江团甫一成立,即针对地方青年的现状特征进行了组织动员活动,"就地方情形,对症发药,即将分校同学时加训练,并组织种种团体扩张力量。"其主导成立了工学联合会、平民夜课学校、通俗讲演所、国语研究会、城区教育会等社会团体,努力挽救"陷于趋附之途与仅知读死书"的知识青年,目的则在于"联合多数青年好劳动者,讲求学术与技能",以便"养成坚强不屈的团体,排除地方对本团的障碍,……使青年有确定的生活,劳动界有自卫的能力"。③ 由此可见,在地方进步青年的推动下,内江团发展迅速,具有强大的组织力量。

总而言之,川渝等地的激进革命团体是以一种互有交叉又相互独立、并行不悖各自拓展的网格状模式逐步发展的。

---

① 《童庸生给团中央的信(1923年11月4日)》,载中央档案馆:《中国YC团(中国青年共产党)》,第90~91页。
② 中共重庆市委党史研究室编著:《中国共产党重庆历史(第一卷)》,重庆出版社,2011年,第73~76页。
③ 《内江劳动界和青年的生活状况及内江团的工作计划》,载《四川革命历史文件汇集(1922—1925)》甲1,内部资料,第124页。

四川地区早期马克思主义者群体的共同特征

20世纪20年代早期，四川地区的进步知识青年与早期马克思主义者在成、渝、泸、内等地的聚合与活动，为后来的建党与大革命打下了坚实的人员基础与组织基础，可说是四川新民主主义革命的正式发端。其实这并不是偶然的，通过上文对历史情境的呈现我们可以看到，播火者普遍利用了任职学校、组织社团、创办报刊等联络方式，其中新式学校与报刊媒介起到了相当大的动员作用。从以共同生活为手段的宽泛的道德修养，到以"主义"为中心的思想熔铸与组织锻炼，似乎是五四运动前后进步知识青年社团向早期马克思主义团体演变的一个较普遍模式。①

不过，正如研究者所言，中国共产党早期组织网络形成的"制度环境"不仅嵌入在其时的日常政治与教育体系中，也依托于传统的社会关系与人际网络。学缘、地缘、亲缘等传统因素，既成为马克思主义激进革命理论传播与区域革命网络成形的重要凭借，也成为激进政治团体初创时的合法性获得的基础性资源。从组织网络这一点来说，五四新文化运动前后的各种学术思想社团、校内外学生组织、白话期刊杂志社，乃至于同乡会社、同仁团体等，确实为激进知识分子的汇聚与早期马克思主义者的培育提供了必要的管道与平台。② 那些可供利用的组织发展资源，既有传统社会的亲缘、姻缘或地缘关系，也有依托现代新式教育机构的同窗学缘关

---

① 邓军：《从"良心"到"主义"：恽代英与五四时期知识分子的社团组织困境》，《中共党史研究》，2016年第4期，第69~78页。

② 刘宗灵：《新式学生的聚合之途：报刊媒介与"学生共同体"的打造——以民国初年为中心的讨论》，《晋阳学刊》2013年第1期，第63~68页。

系,也有教师—学生与青年导师—追随者这样的新型人际关系。

总而言之,有号召力的核心人物(如王右木、恽代英、杨闇公等)、有聚合力的组织团体(如各类马克思主义研究会与读书会等)、有持续性的平台与媒介(如各级新式学校、白话报刊等)、有吸引力的思想体系(如科学社会主义),都成为早期马克思主义者通过各种渠道汇聚起来的支撑性与结构性要素。

通过分析四川地区早期马克思主义者的群体特征,可以得见其在诸多个性当中的时代共性。该群体的共性主要体现在以下诸方面。

出身相似 青年学生虽然并非一个独立的社会阶级,且自身组织力量、经济力量都存在较大的局限性。但在中国共产党革命早期,以青年学生为主体的小知识分子正是推动中国共产党组织网络产生、发展的重要载体与关键枢纽。学者对此已多有探讨。正如一份地方团致中央的报告中所述:"学生力量脆弱,却无成见,灌输新知亦易。"① 加之近代以来,出身于中下层社会、汇聚于各类新式学校的青年师生等小知识分子日益增多,与传统读书人相比,他们的社会地位日益下降、渐趋边缘化,心理郁闷而敏感,对现状不满②,也更能感知到社会的问题与不公,故更易趋向社会革命之途。通过分析历史可以知道,不论是王右木、恽代英、童庸生,还是杨闇公、邹进贤等人,他们能读新书,接受晚清民国以来勃兴的新式教育,说明他们的家境应是强过一般底层易陷入绝境的贫民,但一般来说也非大富大贵之家。来自社会中下层,经济状况一般,汇聚于省城与通商大埠打拼的相似背景,让他们彼此之间较易产生强烈的群体身份认同与联合起来改造社会的冲动。加之,四川激进组织中的学生辈,多是于1890年至1900年这个阶段前后出生的知识青年,他们多数接受过中等及以上的教

---

① 《钟伯埙向团中央的报告——内江地方团成立情形》,载《四川革命历史文件汇集(1922—1925)》甲1,内部资料,第59页。

② 罗志田:《近代中国社会权势的转移:知识分子的边缘化与边缘知识分子的兴起》,《开放时代》,1999年第4期,第5~26页。

育，出身于乡村或城镇的中下层家庭，其集体认同感往往更为强烈。① 他们为20世纪20年代中前期通过不同脉络聚合起来的早期马克思主义者群体提供了源源不断的人力资源。

地理环境相同 早期马克思主义者群体较早诞生的汇聚之地，多半都是交通较为便利的区域，在四川来说，就是岷江流域、沱江流域、嘉陵江流域等长江沿线的主要支流及口岸码头客货汇集之地，上文谈到的成都、重庆、泸州、内江等地，均在此地理范围内。这些区域往往感受风气之先，较为容易接触到外界传来的各种信息资源与文化理念。从这些地方走出的激进青年，往往循着由农村到乡镇或县城，再到省城口岸，最后到京沪乃至苏俄，这样一个不断向外向上的流动渠道，逐步完成了由趋新学生到青年马克思主义者，最后到中共党团骨干的转变历程。正如美国著名华裔学者叶文心所研究的施存统一样，从金华到杭州再到上海的地理场域转换，促使施存统最终由激进反传统的五四青年蜕变为信奉马列主义的革命青年。② 而地方革命先行者跨出的地理层级越远，往往越能与党团中央建立起直接的联系与交流，也能较早地实现区域内早期马克思主义者的聚合与初期共产主义组织的创建。王右木、恽代英、唐伯焜等人无疑就是这样的典型例证。

行为模式类似 这些初步聚集起来的早期马克思主义者，其在行为模式特征上亦具有较大的相似性。其中最典型的特征就是多数人都倾向于以直接行动改造社会，痛恨空谈。群众性、实践性、革命性正是中共党团区别于其他组织的鲜明特点。初步确立信仰的四川早期马克思主义者，往往能够放下读书人的身段，走出象牙塔，深入到群众中去，积极参与各种社

---

① 据重庆青年团一份团员名录资料所透露出的信息，可知依托团组织聚集起来的早期马克思主义者的某些特征，如年龄结构与职业取向。如在34名团员中，30岁以上的只有5人，仅占14.7%，师范学校毕业者18人，占52.9%，从事教育相关职业者最多，占55.8%。《重庆地方团员调查表（1924.5.7）》，载《四川革命历史文件汇集（1922—1925）》甲1，内部资料，第163~165页。

② Wen-hsin Yeh, *Provincial Passages: Culture, Space, and the Origins of Chinese Communism*, University of California Press, 1996.

会活动，踊跃开展动员并组织广大学生、工人、农民、市民的革命行动。例如，成都青年团组织甫一成立，王右木等人就积极组织知识青年深入到工农群众中去，成立劳工联合会与工人教育团，进而组织带革命性质的新工会与农会；童庸生、杨闇公等人在重庆也大力深入工人聚集的地方，坚决组织并依靠工人的力量向军阀开展革命斗争。[①] 这些举动既实现了革命理论必须与实际相联系的重要目标，也让早期马克思主义者在群众运动与阶级斗争中得到宝贵的锻炼。正是这样脚踏实地的共同行为模式特征，才使得四川地区的早期马克思主义者作为革命力量互相援引，在革命之途上紧密融合到一起。

理想目标相同　限于当时的现实条件，这些进步青年阅读的马列主义经典著作不仅较少，而且层次较低，基本都是一些经中国社会主义早期理论家阐释过的理论，深浅不一。这就造成了早期的中国马克思主义者的理论素养普遍不高的局面，不同的人对同样问题在感官的认知与理论的解读上，往往存在差异乃至激烈的争论，一些人在言行方式上也呈现出不少混沌谬误的现象，这或许也是造成早期马克思主义组织内产生冲突矛盾的部分原因。不过，多数人的诉求与信仰仍是鲜明而坚定的，都着力于以集体行动改变不平等的社会现实。并且，多数激进青年在实践中都产生了必须由松散的研究型小团体过渡到有坚强纪律约束的革命政党，有将理想目标彻底实践的思想——"若专于当小、中、大学的教师，或专在书报上运动，是不可靠的"[②]；而那些信仰不坚定或不能忍受纪律生活的则逐步被淘汰掉[③]。相同的理想与目标，正是早期的这批青年马克思主义者能由起初的并行不悖，走向后来的百川归海、趋于一途，最终融为一体、共赴革命

---

① 刘伯承等：《忆杨闇公同志》，四川人民出版社，1980年，第13页。
② 《通信选录》，载张允侯等：《五四时期的社团（一）》，生活·读书·新知三联书店，1979年，第168页。
③ 张秀熟：《四川社会主义青年团的建立前后》，载中国社科院现代史研究室等：《"一大"前后（二）》，人民出版社，1980年，第496页。

事业的根本性原因。

正是因为上述的这些共同特征，四川地区由各种不同线索与渠道发展起来的早期马克思主义者聚合群体，最终走上了殊途同归的道路。他们不仅在思想言行上，更在组织架构上融为一体，"打破四川人加入 SY 者之旧时派别性"，以便"共同工作，免分疆界"①，并肩趋向同一个方向，最终均相继融入了中国共产党的全国组织结构网络与新民主主义革命的时代大潮中。

---

① 《王右木致团中央负责人的信——关于成、渝、川北团的筹建情况》，载《四川革命历史文件汇集（1922—1925）》甲 1，内部资料，第 6 页。